Lea Rosh
Günther Schwarberg

DER LETZTE TAG VON ORADOUR

Steidl

1. Auflage Januar 1992

Umschlaggestaltung: Klaus Staeck/Gerhard Steidl
Fotos: Günther Schwarberg (S. 8, 12, 16, 21, 26, 37, 48, 59, 70, 73, 77, 88, 91, 95, 101, 104, 108, 117, 118, 142); Reinald Blanck (Zeichnung S. 14); P. Colmar (S. 44, 93); STERN, Fred Ihrt (S. 52 unten, 80); H. Roger Viollet (S. 124); STERN, Müller-Schneck (S. 131)
Gesamtherstellung: Steidl, Druckerei und Verlag,
Düstere Str. 4, 3400 Göttingen
ISBN 3-88243-092-3

Inhalt

Ein Mittagessen im Hotel Milord

Sie gehen durch das Tor. Dahinter liegt eine Welt, die ist am 10. Juni 1944 um fünf Uhr nachmittags stehengeblieben. Über die Hauswände wuchert der Efeu. In den Ruinen der Schmiede liegt die Zange auf dem Amboß. So hat sie der Schmied an jenem 10. Juni hingelegt, als sie ihn abholten. Beaulieu hieß der Schmied. Jean-Baptiste Beaulieu, Hufschmied. Er war damals 59 Jahre alt. Sein Haus ist das Eckhaus am Marktplatz, am Champ de Foire. Gegenüber steht die Apotheke. Oder das, was einmal eine Apotheke war, die Ruine einer Pharmacie. Der Apotheker hieß Marcel Pascaud. Wenn Sie durch die Türöffnung in den Apothekenraum hineingehen, dann finden Sie innen an der Wand, wo früher einmal die Medikamentenregale gestanden haben, eine kleine Tafel. Darauf steht: »Zum Gedenken an Marcel Pascaud, Apotheker, Marcelle Pascaud, seine Frau, Jean-Louis Pascaud, seinen Sohn, Märtyrer des 10. Juni 1944. Die Apotheker des Limousin.« Jean-Louis war zwei Jahre alt.

Auf dem Platz vor der Apotheke steht ein Auto. Ein verrosteter Ford. Ist es der Wagen des Apothekers? Oder ist es der von Dr. Jacques Desourteaux, der hier Dorfarzt war? Nein, er gehörte dem Weinhändler Henri Texereau. Der war gerade zum Essen nach Hause gekommen und wollte nachmittags noch einmal wegfahren. Aber dazu ist er nicht mehr gekommen.

Sie gehen die Hauptstraße entlang. Entlang stillgewordener Fassaden. Überschreiten die Straßenbahnschienen. Straßenbahn? Es gibt keine Straßenbahn weit und breit hier. Aber im Dorf liegen noch die alten Schienen. Stehen noch die Oberleitungsmasten mit Warnungsschildern: Nicht berühren! Todesgefahr! Ach ja, die Todesgefahr kam nicht von den Leitungsmasten der Straßenbahn, die damals noch von Limoges durch das ganze Limousin über Oradour an der Glane bis nach Mézières an der Issoire fuhr. Sie brachte die Post, sie brachte die Menschen. Sehen Sie, dort an der Rue Emile Desourteaux steht das Wartehäuschen. Die Kacheln mit dem Namen »Oradour sur Glane« sind noch fast alle da. Hier war einmal die Flanierstation. Hier standen abends die Mädchen und die Jungen, wenn die

Luftaufnahme von Oradour. Links die Ruine der Kirche. Unter der Kastanie war der MG-Trupp Barths postiert. Rechts daneben das ehemalige »Hotel Milord«. In der Mitte die Eiche vor dem »Café du Chêne« und dem Friseurladen.

Bahn aus Limoges kam. Hier wurde geflirtet. Hier wurden Geschenke mitgebracht. Hier hörte man das Neueste. Hier kamen auch manchmal Fremde an. Da, sehen Sie, steht noch die Weiche. Sie können sie stellen, sie läßt sich bewegen. Aber lassen Sie die Finger weg. Berühren Sie nichts hier. Der Tatort muß so erhalten bleiben wie er damals war.

Sehen Sie, da ist wieder eine Steintafel angebracht an der Hausmauer: »Die Freundschaftsgesellschaft der Ärzte des Maquis und der Resistance zur Erinnerung an die Doktoren Paul Desourteaux und Jacques Desourteaux, massakriert von den Deutschen am 10. Juni 1944.« Die Familie Desourteaux hat hier schon immer die Ärzte und die Bürgermeister hervorgebracht. Jacques ist als Arzt im Dorf geblieben, sein Bruder Paul hat als Apotheker in Limoges gearbeitet. Aber sonnabends kam er nach Hause. Und der 10. Juni 1944 war ein Sonnabend. Da traf sich dann die ganze Familie im Elternhaus des Großvaters Emile. Und auf dem Friedhof können Sie sehen, wer alles von der Familie Desourteaux an diesem Sonnabend zu Hause war. Die Namen stehen auf dem Grabstein: Paul und Jacques, ihr jüngerer Bruder Etienne, der Gemeindesekretär, der 71jährige Vater Jean Desourteaux, die Schwiegertochter Alice, die Enkeltöchter Anne-Marie und Geneviève, 12 und 8 Jahre, und die Großmutter Marie Desourteaux.

Dies hier ist die Mädchenschule. Daneben hängt wieder eine Tafel. Ganz verblaßt lesen Sie die Inschrift: »Hier haben Jean Binet, 34 Jahre, Andree Binet, 29 Jahre, und Jean-Pierre Binet, 7 Jahre, gewohnt. 10. Juni 1944.«

Da ist eine Bäckerei mit dem offenen Backofen, sehen Sie? Hier hat Lucien Raynaud Baguettes gebacken. Seine letzten Worte waren – das ist bezeugt: Er müsse sofort nach Hause, weil sonst die Baguettes verbrennen. Das war, bevor man ihn selbst verbrannte. An der Wand hängen zwei Fahrräder, die Gerippe von ihnen. Sie haben wohl der siebenjährigen Irène und der achtjährigen Edith gehört. Vielleicht ist auch die Mutter Simone damit gefahren. Die stammte nicht von hier. Die war aus La Chapelle-Thémer in der Vendée. Dem kleinen Bernard jedenfalls gehörte keines der Räder. Der war gerade erst drei Jahre alt geworden.

Ein paar Häuser weiter stehen noch die Schilder »Huile Energol – hier im Verkauf« und »Huile Renault« neben der Werkstatttür, die schon lange nur noch eine Ruinenöffnung ist. Das war die Werkstatt von Monsieur Poutaraud. Der hat das Massaker überlebt, aber am Friedhof haben sie ihn dann entdeckt und erschossen. Bei ihm hat Robert Hébras seine Mechaniker-Lehre begonnen. Eigentlich hatte er vorgehabt, Konditor zu werden und bei Monsieur Compain in die Lehre zu gehen. Das war ein gemütlicher, dicker Mann. Es gibt noch eine alte Postkarte von Oradour, da sitzt er mit anderen gemütlichen Leuten am Straßenrand vor der Mädchenschule. Er hatte einen ganz kleinen Lieferwagen, damit ist er einmal umgekippt. Die Helfer hatten es schwer, den dicken Konditor aus dem dünnen Auto zu ziehen. Sein Café Compain ist gleich neben der Apotheke. Sie können das leicht an den verbrannten Tischchen und Stühlchen erkennen. An der Wand hängt noch der Rahmen eines Jugendstil-Spiegels, und in einer Mauernische steht eine große alte Kaffeemühle. Vielmehr das, was nach dem Brande übrigblieb: das Mahlwerk und der Trichter mit der Kurbel obendran. Wenn Sie Robert Hébras heute fragen, warum er nicht bei Monsieur Compain angefangen hat, dann antwortet er Ihnen, und Robert Hébras ist ein schlanker Mann von 63 Jahren: »Weil ich dann auch so dick geworden wäre wie Maurice Compain, der Patissier.«

Da steht eine alte Nähmaschine, die ist ganz von einer grauen Kalkschicht überzogen. Wer hat hier gewohnt, wem mag sie gehört haben? Wahrscheinlich der Witwe Marie Bouillière, einer geborenen Martinet, die aus Eymoutiers stammt, genau wie ihre Tochter Odette. Die Mutter war 71, die Tochter war 40 und arbeitete als Vorsteherin der Post. Das Postamt haben Sie doch gesehen, im oberen Teil des Dorfes mit der in Stein geschlagenen und vom Feuer gesprungenen Inschrift »ORADOUR-SUR-GLANE«? Sind Ihnen auch die beiden Briefeinwürfe aufgefallen für Ortsbriefe und für Fernpost, durch die Steinmauer hindurchführend ins Nichts?

Warten Sie! Was dort an der Wand hängt, halb durchgerostet, können Sie das erkennen? Eine Bratpfanne, gleich neben dem Kamin. Das muß das Wohnzimmer von Frau Ragon gewesen sein. Ja, nebenan ist auch der Eingang, und da steht auf dem Boden ein blaues Emailleschild: »Bäckerei THOMAS-RAGON. Zur Erinnerung an Mathilde Ragon, geboren in Chapelle-Thémer, Gemeinde St.-Hermine, Vendée. Vergeßt sie nicht«. Nein, sie ist nicht vergessen. Es liegt ein Feldblumenstrauß vor der Tafel.

Die Werkstatt von Pierre-Henri Poutaraud in der Rue Emile Desourteaux.

So wurde die Leiche von Monsieur Poutaraud nahe beim Friedhof gefunden.

Gleich rechts, die Straße und die Schienen führen hinab ins Glane-Tal, steht die alte Kirche von Oradour, ausgebrannt wie alle menschliche Behausung hier. Das verbogene Gestell vor dem Altar, das kann man nur noch schwer als Kinderwagen erkennen. Es gab damals ja viele Kinderwagen hier in der Kirche, als alles brannte.

Aber das dort, im Fuß des ausgebrannten Turmes, dieses merkwürdige Gebilde aus geschmolzenem Metall, ist wirklich nicht mehr zu erkennen als Glocke. Die Glocke von Oradour. Aus dem brennenden Turm gestürzt und hineingeschlagen in die Menge der brennenden Frauen und Kinder am 10. Juni 1944.

Aus dem Fenster, aus dem damals Madame Rouffanche gesprungen ist, können Sie auf den schönen halbrunden Platz sehen. Die riesige Kastanie war auch damals schon riesig. Dahinter gleich der überdachte Eingang zum Hotel Milord. Wie schön das klingt. Hat Edith Piaf damals schon gesungen »Adé venez, Milord«? Die Leute hier haben wirklich Milord geheißen. Und bei den Milords gab es damals in der schlechten Zeit immer noch gut zu essen. Sie müssen bedenken, daß man im Juni 1944 nicht üppig lebte.

Aber bei Milord gab es auch ohne Lebensmittelkarten immer noch ein komplettes Menü. Da kamen die Leute von weither, von Saint Junien und von Limoges. Selbst aus Paris waren Gäste hier, als sei es mitten im Frieden. Und woher Melanie Milord das alles beschaffte, die Kaninchen und die Auberginen und die Weine, das verriet sie nicht einmal ihrem Mann, dem alten Aubergisten Léon Milord. Jedenfalls hatte ihr Sohn Victor in seiner Küche immer genügend Zutaten, und seine schöne Frau Juliette bekam beim Servieren Anerkennung und schöne Blicke. Drei gesunde Kinder hatten sie: Nicolle, Robert und Marie. Die war damals erst vier Monate alt, als man sie in die Kirche brachte, zum Sterben.

Sie erinnern sich, es war ein Sonnabend, der 10. Juni 1944. Und sonnabends war im Hotel Milord immer Hochbetrieb, auch mittags schon.

Alle Tische waren besetzt, als die Panzerspähwagen draußen vorbeiratterten. Ein paar Leute standen auf, gingen vor die Tür. Aber sie kamen nach ein paar Minuten zurück und sagten, die Deutschen seien weitergefahren. Dann aßen sie weiter, und die Deutschen waren nicht weitergefahren, sondern hatten am anderen Ende des Dorfes haltgemacht.

Wissen Sie eigentlich, wo Sie sind? Was das hier ist, dieses Geisterdorf, von einer Mauer umschlossen und mit einem Schild am Eingang, »Souviens-toi – Remember« – Erinnert Euch?

Wir sind im Limousin, 40 Kilometer westlich von Limoges. Von Bordeaux fährt man bis hier vier Stunden. Wer von Paris über die Autoroute Orléans Tours Poitiers nach Süden hierher kommt, muß 450 Kilometer rechnen. Das Dorf heißt Oradour, der Fluß ist die Glane. Oradour-sur-Glane. Hier ist die Mitte Frankreichs.

Nie gehört? Remember? Souviens-toi? Es gibt viele, auch bei uns, die den Namen kennen. Die erfahren haben von jenem Dorf, das am 10. Juni 1944 ausgelöscht wurde und das doch weiterlebt mit dem Amboß des Schmieds Beaulieu und den Fahrrädern der Mädchen Irène und Edith. Aber wie wenige sind sie, verglichen mit all denen, die Oradour-sur-Glane nie gehört haben?

Die nicht wissen, daß dies ein Ort ist wie Pompeji, die antike Stadt im Südosten des Vesuv, die am 24. August 79 durch einen Vulkanausbruch verschüttet wurde und die eintausendsiebenhundert Jahre später wieder ausgegraben wurde: Die Töpfe standen noch auf den Herden, die Zange lag noch auf dem Amboß.

Wie Oradour. Es war nicht der Vesuv. Es war die SS-Division »Das Reich«, die über Oradour gekommen war wie ein Vulkan. Ohne Mitleid, ohne Menschlichkeit. Es war vor vierundvierzig Jahren. Sonnabend, der 10. Juni 1944.

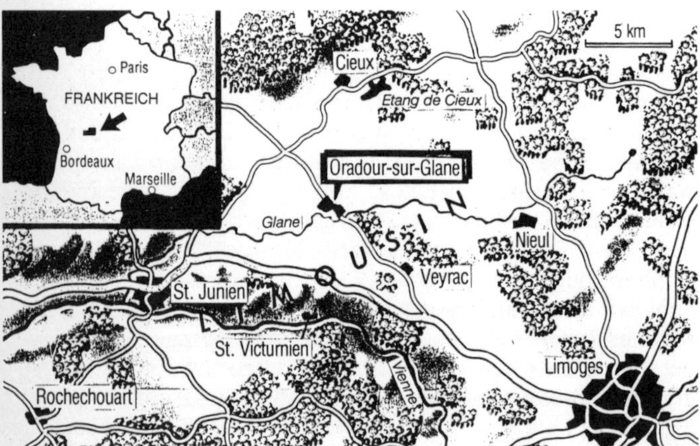

Ein Mann begegnet seinem Mörder

»Ich stand gerade vor der Tür, als die Deutschen mit ihren Panzerspähwagen bei uns vorbeifuhren«, erinnert sich ein Mann, der im Haus neben dem Schmied Beaulieu wohnte. Robert Hébras. Er war damals neunzehn Jahre alt. Hätte er die Gesichter der Männer in den schwarzen Uniformen unterscheiden können, dann vielleicht hätte er 39 Jahre später sagen können: Das ist er ja. Aber wie kann man, wenn ein Panzerspähwagen mit SS vorbeifährt, die einzelnen Gesichter erkennen?

»Ich sprach da mit meinem Freund Brissaud. Es war so gegen zwei Uhr mittags. Sie kamen mit zwei Panzerspähwagen und sind in den oberen Teil des Dorfes gefahren. Richtung Javerdat. Jeder Wagen war mit ungefähr zwanzig Mann besetzt.«

Was er sich gedacht hat?

»Gar nichts. Was sollte sein? Es war ein ruhiger Tag. Schönes Wetter. Oradour war ein verschlafenes Dorf. Weit weg wurde gekämpft, aber doch nicht hier. Ich dachte, sie fahren hier einfach so durch.«

Was hat er getan?

»Nichts. Ich habe mich von Brissaud verabschiedet. Er ging nach Hause, und ich ging auch wieder hinein. Aber zehn Minuten später kamen die Deutschen zurück. Wir hatten keine Angst.« Dann, auf einmal, stand Robert Hébras seinem Mörder gegenüber. Es war ein SS-Untersturmführer. Er hieß Heinz Barth.

39 Jahre später standen sie sich wieder gegenüber und sahen sich an. Vielleicht eine halbe Minute lang. Heinz Barth, der Mörder, und Robert Hébras, der Erschossene, der nicht erschossen war, wie all die anderen, und nicht verbrannt, wie all die anderen, sondern der sich von den Kugeln getroffen, unter dem brennenden Leichenhaufen hatte hervorwühlen und fliehen können.

Sie standen sich vor einem Gericht in Berlin gegenüber. Es ging um diese Tat, um diesen einen Tag im Leben der beiden Männer Robert Hébras und Heinz Barth, an dem sie sich begegnet waren, wenn man das Zusammentreffen von Täter und Opfer eine Begegnung nennen darf. Und es ging darum: Wie waren sie eigentlich dahin gekommen: der eine in die Rolle der Geisel, der andere in die Mörderuniform der Waffen-SS?

Oradour. Durch die Rue Emile Desourteaux, die Hauptstraße, führen heute noch Straßenbahnschienen, obwohl es längst keine Straßenbahn mehr gibt.

Warum man es lernt, Menschen zu erschießen

Im Alter waren sie nicht weit auseinander, viereinhalb Jahre. Robert Hébras ist am 29. Juni 1925 geboren, Heinz Barth am 15. Oktober 1920. Auch das soziale Milieu der Elternhäuser war nicht durch große Klassenunterschiede getrennt: Der Vater des Franzosen war Elektriker, der Sohn sollte Schlosser werden. Der Vater des Deutschen war Eisenbahnbeamter, genauer gesagt Bahnwärter. Der Sohn sollte ebenfalls Beamter werden.

Aber schon wie sie als Kinder aufwuchsen, das waren zwei verschiedene Welten. Der eine, Heinz Barth, wurde mit dem Stock erzogen zur Gehorsamkeit.

Der andere, Robert Hébras, kann sich heute nicht einmal mehr daran erinnern, ob seine Eltern bestimmte Erziehungsgrundsätze hatten: »So etwas gab es bei uns gar nicht. Wir wuchsen sehr frei auf. Wir waren sehr ungehorsam, meine drei Schwestern und ich. Wir wurden nicht einmal religiös erzogen. Und mit meinen Eltern habe ich niemals über irgendwelche moralischen Erziehungsgrundsätze gesprochen.«

Auch nicht in der Schule?

»Na ja, man mußte die Kappe ziehen, das war eigentlich alles. Ich wurde unterrichtet von Herrn Rousseau. Wir hatten eine kleine Gemeindeschule, getrennt als Schule für Jungen und für Mädchen, jeweils nur eine Klasse. Herr Rousseau war auch der Gemeindesekretär. Das einzige, worin er streng war, das war die Höflichkeit gegenüber den anderen Menschen. Wenn er sah, daß wir vor irgendeinem anderen Menschen nicht die Kappe zogen, und er konnte das auf eine Entfernung von zweihundert Metern sehen, dann wurde man am nächsten Tage bestraft. Wir lebten ja auch in einem sehr kleinen Dorf, wo jeder jeden kannte. Oradour hatte damals nur achthundert Einwohner. So lernten wir also die Achtung vor den Mitmenschen, die Höflichkeit, und wir lernten Hilfsbereitschaft gegenüber den Ärmeren. Es gab viele arme Bauern hier, und die Kinder kamen oft fünf oder sechs Kilometer zu Fuß jeden Tag zur Schule. Im Winter erhielten sie dann eine warme Suppe, nur im Winter, wenn es kalt war. Sie kamen mit ihren kleinen Eßnäpfen, darin war geschnittenes Brot. In der Schule erhielten sie darauf warme Suppe, die zahlte die Gemeindeverwaltung. Wir, die keinen weiten Weg hatten, weil wir in Oradour wohnten, wir bekamen die Suppe nicht. Und wir verstanden, warum die Kinder aus den umliegenden Dörfern die Suppe bekamen und wir nicht.«

Robert Hébras ist in dieser Zeit niemals aus Oradour herausgekommen, obwohl es doch eine Straßenbahn nach Limoges gab. »Ich habe in den Dorfstraßen herumgelungert«, erzählt er. »Wir haben mit den Hühnern gespielt.« Die Dorfstraßen von Oradour hatten ihre Reize, haben ihre Reize: Beschattet von riesigen Kastanien, führen sie an die Ufer der Glane, in den Wald von Peyrilhac, auf die Hügel von Javerdat, in die Berge des Blond. Ein kleiner Ferienort war Oradour, eine Sommerfrische mit zwei Hotels und drei Pensionen.

Als er vierzehn war, gab Monsieur Léonard Rousseau, der Lehrer und Gemeindesekretär, ihm das Abgangszeugnis. Da kam Robert Hébras hinaus: Er fuhr jeden frühen Morgen mit der Straßenbahn eine Stunde nach Limoges zur Renault-Werkstatt. Er lernte Schlosser. Das war im Frühsommer 1939. Er hatte vier Monate Lehre hinter sich, da begann der Krieg. Ein Krieg, der sich für den 14jährigen Robert Hébras in weiter Ferne abspielte und mit dem er nichts zu tun hatte. Erst Polen, tausend Kilometer oder mehr im fernen Osten Europas. Dann, ein Jahr später, fielen die deutschen Truppen in Frankreich ein. Aber auch das war weit weg, im Norden des großen Landes. Selbst als die französische Regierung kapitulierte, da hatte man in Oradour wenig damit zu tun. Der Ort lag in der unbesetzten Zone. Das einzige, was der Krieg nach Oradour hineingetragen hatte, das waren die vielen Flüchtlinge aus Lothringen und aus dem Elsaß. »Wir hatten einen auf den Deckel bekommen, und wir haben uns davongemacht, so sah ich es damals«, erzählt Robert Hébras heute. »Das kam, weil unsere Soldaten überhaupt keine Lust hatten, zu kämpfen. Sie waren nicht motiviert. Sie liefen davon. Sie gingen nach Hause.« Und Robert Hébras ging zur Arbeit, als wäre gar kein Krieg in Frankreich.

Wie anders war in dieser Zeit das Leben von Heinz Barth verlaufen. Sein Vater hatte ihn geschlagen. Der Lehrer hatte ihn geschlagen. In ihn war Gehorsam hineingeprügelt worden. Nur wenn er gehorchte und alles tat, was ihm befohlen wurde, dann wurde er nicht bestraft. Von Liebe war ohnehin keine Rede. Richtschnur war das, was über ihm war. Das war ja auch die Richtschnur des Vaters: Der Bahnbetriebsassistent gehorchte dem Bahnbetriebsinspektor und der dem Oberinspektor. Der Schüler gehorchte dem Lehrer. Der Hitlerjunge gehorchte dem Hordenführer. In die Hitlerjugend mußte der Sohn des nationalen Bahnbetriebsassistenten schon, bevor Hitler an die Macht finanziert worden war. Das war 1932, als Heinz Barth elf Jahre alt war. Das gehörte sich so in Gransee, der preußischen Kleinstadt im Havelland, in der es zwei Denkmäler gab: ein Ehrenmal für die gefallenen Soldaten des ersten Weltkrieges. Und, in Eisen gegossen, der stilisierte Sarg der preußischen Königin Luise. Eine Nacht war sie in Gransee gewesen, als Leiche. Sie war auf einer Reise gestorben, in ihrem Schloß Hohenzieritz, 33jährig, und auf dem Rücktransport nach Berlin hatte das Trauergeleit hier übernachten müssen. Am 21. Juli 1810. Der Magistrat der preußischen Kleinstadt gab bei dem Berliner Baumeister Karl Friedrich Schinkel ein gewaltiges Ehrenmal für die teure Tote in Auftrag. Die Krone auf dem schwarzen Sarg wird immer frisch vergoldet. Ebenso wie die Inschrift: »an dieser stelle sahn wir jauchzend ihr entgegen, wenn sie, die herrliche in milder hoheit glanz mit engelfreundlichkeit vorüber zog«. Und an der anderen Sargseite: »an dieser stelle hier ach flossen unsre thränen als wir dem stummen zuge betäubt entgegen sahn, o iammer sie ist hin«.

Vor diesem Denkmal mitten auf dem Marktplatz stand Heinz Barth jedes Jahr am 27. Januar in Reih und Glied mit seinen Mitschülern, um »Kaisers Geburtstag« zu feiern. So wie er dort nach 1933 an jedem 20. April stand an »Führers Geburtstag«. Achtmal stand er dort, acht Jahre ging er zur Schule. Dann wurde er Kaufmannsgehilfe in einem kleinen Textilladen in Gransee. Lieber wäre er Beamter geworden, wie sein Vater es war und es wünschte. Aber dazu reichte seine Schulbildung nicht. Doch dann kam die große Chance: der Krieg. Heinz Barth wurde eingezogen. Nicht zur Wehrmacht, nicht als Soldat, sondern zur Polizei. Auf einmal eröffnete sich dem Kaufmannsgehilfen aus Gransee eine neue Berufslaufbahn: Polizist, Beamter, auch später, nach dem Endsieg. Und vielleicht sogar Offizier? Aussichten hatte er nur, wenn er seine unzureichende Schulbildung durch besonders gute Leistungen überbot. Voraussetzung für solch eine Zukunftsperspektive war der Gehorsam.

»Ich war sehr ehrgeizig und bestrebt, die mir aufgetragenen Aufgaben gewissenhaft und pflichtgemäß zu erfüllen«, erklärte er vier Jahrzehnte später vor Gericht. Der Vorsitzende hatte ihn

Heinz Barth 1944 in Frankreich nach seiner Versetzung von der Polizei zur Waffen-SS, wenige Tage vor dem Einsatz zur Zerstörung von Oradour.

gefragt, welche Charakteristik er sich damals selbst gegeben hätte. Das Wort »gewissenhaft« muß man wohl erklären. Es sollte nicht heißen, daß Heinz Barth zu dieser Zeit ein besonders geschärftes Gewissen hatte und Recht und Unrecht gut unterscheiden konnte. Es sollte heißen, daß sich sein Gewissen nur nach dem Befehl richtete, der ihm erteilt wurde.

Es waren schlimme Befehle. Welche es denn waren, fragte ihn später der Gerichtsvorsitzende. »Streifendienste. Wachdienst. Geländemäßige Ausbildung. Gefechtsausbildung«, erläutert Heinz Barth. Sonst noch etwas? fragt ihn der Vorsitzende. »Ja. Exekutiv-Dienst. Erschießungen.«

Was das für Menschen waren, die Heinz Barth zu erschießen hatte, fragt der Vorsitzende.

»Menschen, die nach meiner damaligen Auffassung gegen die Gesetzlichkeit verstoßen hatten, die uns zugeführt wurden.« Ob er damals das Bedürfnis gehabt habe, zu erfahren, was diese Menschen denn getan hatten, fragt der Vorsitzende. »Nein«, sagt Barth.

Ob er das heute verstehen könne, daß er damals nicht einmal das Bedürfnis gehabt habe, zu erfahren, was diese Menschen getan hatten und weshalb er sie zu erschießen hatte, will der Vorsitzende wissen.

Und Heinz Barth antwortet: »Das war der Krieg.«

War das der Krieg? Oder war das etwas ganz anderes, was solche Menschen wie Barth blind gemacht hatte gegenüber jeder Menschlichkeit? Was ihn Frauen und Kinder erschießen ließ in gewissenhafter Ausführung seiner Befehle? War das nicht der Faschismus?

Heinz Barth war in dieser Zeit in der Tschechoslowakei. Die gab es nicht mehr. Sie war zerteilt in Stücke. Das größte hieß »Protektorat Böhmen und Mähren«. Darin waren die Nazis Besatzungsmacht. Heinz Barth war einer der Gendarmen.

Er war, sagte später der Richter über ihn im Urteil, »einer jener Menschen, die sich mit den von den faschistischen Ideologen mißbrauchten Begriffen von Pflichterfüllung, Heldentum und Treue – immer verstanden als Eigenschaften im Dienste des nationalsozialistischen Führerstaats – in völliger Übereinstimmung befanden.« So weit, daß er nicht einmal fragte, wenn er auf gefesselte Menschen schießen mußte.

Auf dem Hof von Horak standen 173 Menschen an der Wand

Das begann in den Tagen nach dem 27. Mai 1942. Am Morgen dieses Tages hatten tschechische Partisanen in Prag den obersten Nazi des Protektorats, »Reichsprotektor« Reinhard Heydrich, auf der Fahrt zur Prager Burg angeschossen und so schwer verletzt, daß er bald darauf starb.

Noch am selben Tage schickte der SS-Führer Heinrich Himmler ein Blitz-Telegramm nach Prag. Darin stand: »Unter den befohlenen 10 000 Geiseln sind in erster Linie die gesamte tschechische Intelligenz zu verhaften. Von den Hauptgegnern aus dieser tschechischen Intelligenz sind heute nacht bereits die 100 Wichtigsten zu erschießen. Ich rufe Sie heute nacht noch an. Heinrich Himmler.«

Eine Welle von Blut floß über das böhmische Land. Dann suchten sich die Nazis einen ganzen Ort aus, der zur Warnung vernichtet werden sollte: das Bergarbeiterdorf Lidice bei Kladno.

Albine Hejmová berichtet:

»Es geschah in der Nacht des 9. Juni. Wir wohnten damals in einem hübschen neuen Haus, gerade an dieser Stelle hier, an einer Straßenbiegung. Da kamen sie plötzlich um halb zwölf Uhr nachts, als wir schon alle schliefen, und befahlen uns, sofort das Haus zu verlassen und auf den Dorfplatz zu kommen. Wir mußten unser Geld und andere Wertgegenstände mitnehmen. Später stellte sich heraus, daß dies nur angeordnet worden war, um uns diese Dinge nachher um so leichter abzunehmen. So versammelten wir uns, ohne zu wissen, warum. Die Kinder weinten, wir Frauen waren erregt. Den Rest der Nacht mußten wir in der Schule zubringen. Wir hatten keine Ahnung, was inzwischen mit unseren Männern geschehen war, und diese wiederum wußten nichts von uns. Am frühen Morgen wurden wir in Lastautos, die mit Planen bedeckt waren, nach Kladno gebracht. Ich spähte durch eine Lücke und sah, wie die Nazis aus den Fenstern Federbetten, Polster, Decken, Uhren hinauswarfen; wie sie Nähmaschinen und alle möglichen Dinge herausschleppten. Ein Soldat schrie mich an, ich solle sofort meinen Kopf verstecken, und zog heftig das Zelttuch herunter. Um halb sieben Uhr früh befanden wir uns bereits alle in Kladno und erwarteten dort unser weiteres Geschick.«

Was mit den Männern geschehen war, erfuhren die Frauen erst viel später. Die wenigen Frauen, die von den Nazis in den Konzentrationslagern Theresienstadt und Auschwitz am Leben gelassen worden waren.

Die Männer, und mit ihnen die Jungen, waren auf den Bauernhof der Familie Horak gebracht und dort an die Wand gestellt worden. Die SS-Leute erschossen sie. 173 Leichen blieben zurück. Darunter auch die des katholischen Pfarrers Josef Stemberka. Der sollte eigentlich nicht erschossen werden. Aber er hatte sich zu den Männern an die Mauer gestellt mit den Worten: »Ich habe meine Schäflein 35 Jahre lang betreut. Ich werde sie auch im Tode nicht verlassen.«

Nach den Todessalven sprengte der Reichsarbeitsdienst die Häuser von Lidice. Die Ruinen wurden mit Erde bedeckt, der Ort sollte für immer verschwinden. Lidice lag auf einem großen Kohlenvorkommen. Viele Dorfbewohner arbeiteten als Kumpel in der Zeche von Kladno. Neunzehn von ihnen hatten Nachtschicht, als die SS gekommen war. Sie wurden von der Zeche abgeholt und zum Erschießen in die Nähe von Prag gebracht.

Dann gab der deutsche Nachrichtendienst eine kurze Meldung heraus, die zur Abschreckung dienen sollte: »Im Zuge von Fahndungen nach den Mördern des SS-Obergruppenführers Heydrich wurden einwandfreie Hinweise dafür gefunden, daß die Bevölkerung der Ortschaft Liditz bei Kladno dem in Frage kommenden Täterkreis Unterstützung und Hilfe leistete. Die betreffenden Beweismittel wurden trotz Befragung ohne Mithilfe der Ortseinwohner erbracht.« Nichts davon stimmte. Die Nazis hatten diese Lügen erfunden. Die Meldung ging weiter: »Nachdem die Einwohner dieses Dorfes durch ihre Tätigkeit und durch die Unterstützung der Mörder von SS-Obergruppenführer Heydrich gegen die erlassenen Gesetze schärfstens verstoßen haben, sind die männlichen Erwachsenen erschossen, die Frauen in ein Konzentrationslager überführt und die Kinder einer geeigneten Erziehung zugeführt worden. Die Gebäude des Ortes sind dem Erdboden gleichgemacht und der Name der Gemeinde ist ausgelöscht worden.«

Ausgelöscht war er nicht. Schon dadurch nicht, daß Filmtrupps von Wehrmacht und Arbeitsdienst die Zerstörung von

Lidice aufgenommen und als »Lehr- und Kulturfilm» archiviert hatten. Einen Monat nach der Löschung des Namens Lidice gab es ein neues Lidice: Am 12. Juli 1942 nahm der amerikanische Ort Stern Park Gardens in Illinois den neuen Namen Lidice an. Wieder einen Monat später benannte sich San Jerónimo in Mexiko um und heißt seitdem Lidice. Im peruanischen Lima und im venezolanischen Caracas gibt es Stadtteile mit dem Namen Lidice. Ein Dorf in Palästina, ein Park in Havanna, eine Straße in Süd-Dakota, ein Haus in London heißen nach Lidice.

Erschießungskommando der Polizei auf dem Schießstand Luby bei Klattau.

Ein Polizeioffizier gibt den noch lebenden Geiseln den »Gnadenschuß«.

»Diese Menschen erschießen, das hielt ich damals für gerecht«

Das alles konnte der Gruppenführer Heinz Barth nicht wissen, als er im Juni 1942 die ersten Plakate an den Hauswänden sah, mit denen die deutsche Besatzungsmacht bekanntgab, was sie mit den Menschen von Lidice getan hatte. Und zum ersten Male kam über Heinz Barth ein »unangenehmes Gefühl« bei solchen Bekanntmachungen. Denn bisher hatte er nur Siegesmeldungen gekannt und sich auch selbst als Sieger gefühlt:

»Ich war damals der Ansicht, daß die deutsche Wehrmacht eine gute Truppe ist und daß sie entsprechend ihrer militärischen Stärke und ihrer Ausbildung diese Blitzkriege durchgeführt hat ... Ich persönlich, und auch die Kameraden, hatten damals ein gewisses Siegesgefühl.«

Ob es ein Siegestaumel war, will Jahrzehnte später der Staatsanwalt von ihm wissen.

»Ja«, antwortet Barth, »so kann man sagen.«

In solchem Siegestaumel nahm er es hin, daß hart durchgegriffen werden mußte. Wenn es Widerstand gab, gab es auch kurze Prozesse. Davon erfuhr man damals bei der Polizei mehr als bei der Wehrmacht: »Bei den Kompaniebekanntgaben wurde gesagt, daß wieder Sonderaktionen durchgeführt wurden.«

Was das hieß?

»Tschechoslowaken, die gegen die deutsche Gesetzlichkeit verstoßen hatten, wurden bestraft. Zum Beispiel, wer bei dem Attentat Unterstützung geleistet hatte und bei der Nichtauffindung der Attentäter. Ich hatte mit meinem Zug den Befehl bekommen, Häuser zu durchsuchen. Und ich war damals auch der Meinung, daß diese Durchsuchungen richtig waren. Die Abschreckung wurde durchgeführt, damit nicht noch mehr solche Attentate oder Sabotageakte großen Stils stattfanden. Die zur Erschießung vorgesehenen Tschechoslowaken wurden verurteilt und von der Gestapo den Polizeikommandos zugeführt. Die Verurteilung, das machten die Standgerichte. Und wir, die Polizeieinheiten, mußten dann diese Menschen erschießen. So war das organisiert. Das hielt ich damals für gerecht.«

Als Lidice ausgelöscht wurde, da war Heinz Barth nicht weit. Seine Polizeieinheit war in Klattau stationiert. Dort las er Plakate an den Mauern mit der Bekanntmachung von erschossenen Geiseln. Er fühlte zwar keinen Siegestaumel, aber auch kein Unrecht: »Ich war der Meinung, daß Leute, die von der damaligen Gestapo überstellt wurden und wo Urteile vorlagen, daß das rechtens war, wenn die erschossen wurden.«

Den Nazis waren die Morde von Lidice nicht Abschreckung genug. Sie spürten den heimlichen Aufruhr im ganzen Land. Sie erschossen jeden, der öffentlich über das Attentat sprach und es nicht verurteilte. Sie erschossen jeden, der ausländische Radiosender gehört hatte. Sie erschossen viele ohne jeden Grund.

Zum Erschießen brauchten sie vor allem ihre Polizei. Leute wie Barth. Der hatte inzwischen die erste Stufe einer Karriere erreicht: Er wurde zu einem Vorbereitungslehrgang kommandiert, auf dem die Eignung für Offiziersanwärter geprüft werden sollte. Bisher war er am Karabiner 98 k ausgebildet worden, an der Pistole 08, an der Maschinenpistole und am leichten und schweren Maschinengewehr. Sein Dienstrang war Oberwachtmeister der Schutzpolizei. Er gehörte zum Polizeibataillon Kolin, Regiment Böhmen, zweite Kompanie.

Eines Tages war auch er an der Reihe, mitzuschießen. Beim Mittagsappell am 9. Juni 1942 gab der Hauptfeldwebel bekannt, die Kompanie müsse eine Sonderaktion durchführen. Jeder kannte das Wort »Sonderaktion«. Jeder wußte: Damit sind Erschießungen gemeint. Auch Heinz Barth wußte es. Er hat heute noch in Erinnerung: »Zu einem Sonderkommando gehörten das Erschießungskommando, das Arbeitskommando und das Absperrkommando, alles in allem dreißig bis fünfunddreißig Leute.«

Freiwillig gemeldet habe er sich damals nicht, sagt Barth. »Der Spieß ging die Front ab und guckte. Er kam auf mich zu und sagte: ›Raustreten!‹ Ich sagte: ›Hauptwachtmeister, ich kann das nicht!‹ Daraufhin sagte er vor versammelter Mannschaft: ›Was, Sie können das nicht? Und Sie wollen Offizier werden?‹ Ich war aufgeregt und unruhig.«

Was er denn in diesem Moment empfunden habe, will der Richter von ihm wissen.

»Ich konnte nicht auf wehrlose Menschen schießen.«

Ob er denn gewußt habe, daß er für das Erschießungskommando eingeteilt werden sollte? Es hätte ja auch das Arbeitskommando oder das Absperrkommando sein können.

»Nein, der hat erst das Erschießungskommando ausgesucht. Das sollte fünfzehn Mann stark sein.«

Aber fünfzehn hatten sich nicht gemeldet?

»Nein. Nur einige. Die anderen wurden wahllos aus der Kompanie dazugenommen.«

Ob er es denn für richtig gehalten habe, daß die Menschen erschossen werden sollten?

»Ja. Das hielt ich für richtig.«

Warum?

»Weil die sich in irgendeiner Form gegen die deutsche Staatsmacht vergangen hatten.«

Wenn er das für richtig hielt, warum wollte er denn nun nicht schießen? Wäre es ihm lieber gewesen, wenn andere das gemacht hätten?

»Das wäre mir lieber gewesen.«

Warum? Fürchtete er sich vor dem ersten Mal?

»Ja. Ich fürchtete mich vor dem ersten Mal.«

Aber er habe die Furcht überwunden?

»Als der Hauptwachtmeister vor versammelter Mannschaft sagte: ›Was? Sie wollen Offizier werden und trauen sich nicht, auf Menschen zu schießen?‹ – da habe ich mich überwunden. Der Hauptwachtmeister sagte ›Raus!‹ Da habe ich mich zu den anderen gestellt.«

Sonst wäre sein Vorhaben bedroht gewesen, Offizier zu werden?

»Ja. Ich wollte ja Offizier werden. Und der Spieß hat eine große Macht in der Kompanie, davor hatte ich Angst. Deshalb habe ich mich zu den anderen gestellt und gedacht: Na gut, wenn die schießen, dann schieße ich auch mit.«

Am Abend mußte das Erschießungskommando antreten. Munition wurde ausgegeben. Jeder füllte zwei Patronentaschen mit Infanteriemunition. Dann führte der Zugwachtmeister das Kommando zum Erschießungsplatz.

Barth war noch nie dort gewesen. Aber jeder Polizist in der Kaserne wußte, daß dort Erschießungen stattgefunden hatten. Sie hatten ja auch die Schüsse gehört.

»Wir marschierten vor so eine Art Mulde. Dort mußten wir Aufstellung nehmen. In einer Reihe nebeneinander. Vor uns waren zwei Pfähle in den Boden eingelassen. Dann kam der Offizier, der die Erschießungsaktion leitete. Von den Gestapoleuten wurden dann zwei Männer vorgeführt. Das waren die zu erschießenden Opfer. Sie wurden an die Pfähle gebunden. Auf die Augen wurde eine Binde gelegt. Ihre Hände wurden hinter den Pfählen zusammengebunden. Dann wurde von dem Offizier ein Urteil verlesen. Ich kann mich an den Inhalt nicht mehr erinnern, und ich möchte auch nichts Falsches sagen.«

Er erinnert sich auch nicht mehr daran, daß es nicht zwei Pfähle und zwei Menschen waren, sondern vier.

Ob er sehr erregt gewesen sei, will der Richter wissen.

»Die Erregung stieg nicht, da die andern Polizisten ja auch mit zum Erschießungskommando gehörten. Es gab eine gewisse ... na ja, Beruhigung wäre falsch, aber eine gewisse Stimulierung. Der Offizier hatte uns vorher gesagt, wir sollten auf die Herzgegend und auf den Kopf zielen.«

Ob er innerlich bereit gewesen sei, diesem Befehl Folge zu leisten, will der Richter wissen.

»Nachdem dieses Urteil vorgelesen worden war, da war ich der Annahme, nein, der Überzeugung, daß diese Bürger Unrechtmäßigkeiten gegen das damalige Deutsche Reich getan hatten. Dann wurde angelegt und geschossen, und das Erschießungskommando rückte ab.«

»Die Verurteilten wurden in männlicher Haltung erschossen«

Von dieser Mordaktion ist das Protokoll erhalten geblieben: »Bericht über die Erschießung vom 9. Juni 1942 in Klattau. Die durch das Standgericht in Prag am 9. Juni 1942 zum Tode verurteilten

1. Wenzel Hraba, Revisionsbeamter, geboren 13. 7. 1905 in Strakonitz, römisch-katholisch, Staatsangehöriger des Protektorats, verheiratet, wohnhaft in Strakonitz, Kieselstraße 308,

2. Miroslav Pisar, Direktor der Bezirkskrankenversicherungsanstalt Strakonitz, geboren 12. 5. 1909 in Königgrätz, konfessionslos, Staatsangehöriger des Protektorats, verheiratet, wohnhaft in Strakonitz, Havlicekgasse Nummer 158,

3. Frantisek Kohout, Zahntechniker, geboren 20. 12. 1910 in Strakonitz, römisch-katholisch, Staatsangehöriger des Protektorats, verheiratet, wohnhaft in Strakonitz 1, Plankova Nummer 398,

4. Miloslav Rectoric, Zahnarzt, geboren 11. 10. 1905 in Visuvice, römisch-katholisch, Staatsangehöriger des Protektorats, verheiratet, wohnhaft in Strakonitz, Palacki 114,

wurden am 9. Juni 1942, 19 Uhr auf dem Schießstand in Lup bei Klattau erschossen. Das Kommando in Stärke von einem Offizier und zehn Wachtmeistern wurde von dem Reserveoffizier-Vorbereitungslehrgang gestellt. Die Verurteilten nahmen die Verlesung des Urteils gefaßt entgegen und wurden in männlicher Haltung erschossen. Der Tod wurde durch den Stabsarzt der Wehrmacht Dr. Hubalek festgestellt. Die Leichen wurden durch die Kraftfahrzeugstaffel Klattau zur Verbrennung nach Pilsen überführt. Klattau, den 9. Juni 1942. Hähnel, Leutnant der Schutzpolizei der Reserve.«

Und als alles vorbei war, am Abend nach der Erschießung, was für ein Gefühl habe er da gehabt?

»Es wurde nicht darüber gesprochen.«

Sonst nichts?

»Ich war ja der Meinung, daß die Erschießungen zu Recht erfolgten.«

Gab es eine Belohnung? Gab es Schnaps?

»Ja. Aber ich habe keinen getrunken.«

Ob er sich überlegt habe, so etwas niemals wieder zu tun, oder ob er sich gesagt habe: Ich melde mich das nächste Mal lieber freiwillig, damit ich nicht wieder bloßgestellt werde?

»Ich habe mir überlegt, wenn ich mich nicht melde, dann werde ich wieder bloßgestellt, vor der ganzen Kompanie.«

Als der Auswahl-Lehrgang beendet war und die Erschießungen aufhörten, bekam Barth ein Zeugnis:

»Barth zeigte bei gesundem Ehrgeiz echten Kameradschaftssinn. Im und außer Dienst sowie Vorgesetzten gegenüber ist sein Verhalten stets militärisch stramm und einwandfrei. Barth hat das Wesen der nationalsozialistischen Weltanschauung erfaßt und wird nach den hier gemachten Erfahrungen zur Teilnahme an einem Reserveoffizier-Anwärterlehrgang für geeignet gehalten.«

Unterschrieben wurde das am 17. Juni 1942 von demselben Leutnant Hähnel, der die erste Erschießung geleitet hatte. Barth meinte später selbst, daß seine Teilnahme an den Erschießungen die positive Beurteilung beeinflußt habe: »Das wird Leutnant Hähnel mit berücksichtigt haben.«

Er hatte nun die zweite Stufe erreicht auf seinem Wege zum Beamten. Er wollte nach dem Kriege »irgendwo im Innendienst« an einem Polizeischreibtisch sitzen.

Als er aus Klattau zu seiner Stammeinheit nach Pardubitz zurückgekommen war, gingen dort die Erschießungen weiter. Für Heinz Barth war das nun »nichts Neues mehr. Das war fast alltäglich. Das geschah mindestens jeden zweiten Tag. Das wurde fast zum Alltag. Wenn mittags Befehlsausgabe war, konnte man damit rechnen, daß abends eine Sonderaktion stattfand.«

Heinz Barth meldete sich nun freiwillig zum Erschießen: »Ich wollte nicht noch einmal vor der Kompanie bloßgestellt werden.«

Eines Tages mußten Barth und die anderen Wachtmeister die Einwohner eines ganzen Dorfes erschießen, Lezaky. Sie waren genau wie die von Lidice zu Unrecht beschuldigt worden, sie hätten Attentäter versteckt gehalten.

Ob er sich an den 24. Juni 1942 erinnern könne, wurde Heinz Barth später von seinem Richter gefragt.

»Ja, das war ein schöner Sommertag. Der Spieß gab mittags bekannt, daß dieses Mal eine größere Gruppe von Personen zu erschießen sei. Nach meinen Erinnerungen waren es über zwanzig Personen. An einer so umfangreichen Erschießungsaktion hatte ich vorher noch nie teilgenommen. Ich bin dann freiwillig herausgetreten. In der Zeit von 19 Uhr bis 22 Uhr, es war ja sommertags, wurden dann die Erschießungen durchgeführt. Die Opfer wurden gruppenmäßig von der Gestapo herangeführt. Es waren Männer und Frauen.«

Ob es das erste Mal gewesen sei, daß er Frauen erschossen habe?

»Ja, soweit ich mich erinnern kann.«

Ob er zu der Erschießung von Frauen eine andere innere Einstellung gehabt habe als zu der Erschießung von Männern?

»Da die von der Gestapo zugeführt wurden, war ich der Meinung, daß das auch rechtmäßige Erschießungen waren.«

Wie lange die Erschießung gedauert habe?

»Die Personen wurden immer in Gruppen zu dritt herangeführt. Wir waren fünfzehn Gewehrschützen. Jeweils fünf Mann schossen immer auf eine Person. Wir halben elfmal schießen müssen. Es waren also 33 Personen. Das dauerte mehrere Stunden. Die Erschossenen wurden von dem Arbeitskommando zur Seite getragen und abgedeckt. Wie sie dann abtransportiert wurden, mit welchen Fahrzeugen und wohin, das weiß ich nicht.«

Ob er auch einmal bei einem solchen Arbeitskommando zum Abtransport der Leichen mitgearbeitet habe?

»Nein. Dazu wurde ich nicht eingeteilt. Angenehm ist solch eine Sache nicht. Überhaupt ist das alles nicht angenehm. Am Abend anschließend wurde Alkohol ausgegeben.«

Das war nun der Alltag des Polizei-Wachtmeisters Barth und seiner Wachtmeister-Kameraden des Polizeibataillons Kolin in Pardubitz. Aber: »Dienst ist Dienst, und Schnaps ist Schnaps.« Barth war froh darüber, daß er zum Reserveoffiziers-Anwärterlehrgang nach Fürstenfeldbruck abkommandiert wurde. Am 27. Januar 1943 hatte er sein erstes großes Lebensziel erreicht: Er wurde zum Leutnant der Schutzpolizei befördert.

Fürs erste allerdings war er nur ein »Reserveleutnant«, noch kein Beamter. Aber er stellte das Gesuch, als Beamter auf Lebenszeit übernommen zu werden. Ein Dreivierteljahr später hatte er die Urkunde des Reichsministers des Innern in der Hand: »Ich stelle Sie unter Berufung in das Beamtenverhältnis und unter Belassung in Ihrem gegenwärtigen Dienstverhältnis stellenplanmäßig bei der Polizeiverwaltung in Frankfurt/Oder mit Wirkung vom 1. Januar 1943 als Leutnant der Schutzpolizei des Reichs ein.«

Die Feuertaufe auf dem Schießstand

Heinz Barth, der Sohn des Reichsbahnbetriebsassistenten aus Gransee, hatte mit acht Klassen Volksschule und Schießausbildung sein Lebensziel erreicht: Beamter. Dabei war er noch nicht einmal an der Front oder in Gefahr gewesen. Was Soldaten die Feuertaufe nennen, das hatte er auf dem Polizeischießstand in Klattau erlebt. Dort hatte er dem gefesselten Feind in die Augen gesehen und aufs Herz gezielt.

Nun erlebte er noch eine weitere Auszeichnung: Er wurde zur SS versetzt. Ihn überraschte das nicht. SS und Polizei hatten einen gemeinsamen Dienstherren, den Reichsführer der SS und Chef der deutschen Polizei, Heinrich Himmler. Und zur SS kamen nur bewährte Nationalsozialisten: »Zur damaligen Zeit war die SS als Eliteformation angesehen und war in Brennpunkten eingesetzt«, – so sieht es Heinz Barth noch heute.

Er kam nach Frankreich. Dort wurde die neue SS-Division »Frundsberg« aufgestellt. Aus dem Leutnant war der SS-Untersturmführer geworden. Unter seinem Arm wurde das Blutgruppenzeichen eintätowiert. Und er bekam den SS-Dolch mit der Inschrift »Meine Ehre heißt Treue«.

Fast wäre er in Gefahr gekommen. Die Division wurde eilends an die Ostfront verlegt, die Stück für Stück zusammenbrach. Doch Heinz Barth bekam die Grippe und Frostbeulen an den Füßen. Man schickte ihn wieder zurück nach Südwestfrankreich. Er kam jetzt zur Waffen-SS-Division »Das Reich«. Heinz Barth sollte Unterführer ausbilden. »Die sollten Format haben. Es sollten kampfkräftige Unterführer werden. Ich bilde mir ein, daß ich meine Aufgaben erfüllt habe.«

Doch auch in Frankreich blieb es nun nicht mehr lange ruhig. Es kam der 6. Juni 1944. Die West-Alliierten landeten in der Normandie. Die zweite Front war eröffnet. Überall in Frankreich begannen kleine oder große Aufstände gegen die verhaßte Nazi-Besatzung.

In Oradour merkte man davon noch nichts. Das Leben ging so ruhig weiter, wie es seit dem Kriegsbeginn oder seit der deutschen Besetzung von Südfrankreich am 11. November 1942 gewesen war. Damals war ein deutscher Trupp durch Oradour gefahren, ohne anzuhalten. Es war das einzige Mal, daß man in diesem kleinen Dorf deutsche Soldaten gesehen hatte. Seither mußte man schon mit der Straßenbahn nach Limoges fahren, um deutschen Uniformen zu begegnen.

Robert Hébras arbeitete immer noch in derselben Renault-Werkstatt, in die er nach der ersten Lehrlingszeit bei Monsieur Poutaraud gegangen war. Jeden Morgen stieg er um kurz nach sechs in die Straßenbahn nach Limoges. Jeden Abend kam er um kurz nach vier zurück. »Wir arbeiteten in dieser Zeit praktisch nur für die deutsche Armee. Wir reparierten Lastwagen. Aber auch in Limoges sah man kaum Deutsche. Vielleicht waren es hundert Soldaten. Mit denen hatten wir nie irgendwelche Probleme. Ich muß sagen, eigentlich merkte man den Krieg überhaupt nicht. Aber nein, das ist nicht ganz richtig. Wir merkten ihn doch. Wir merkten ihn nicht an den Deutschen, wir merkten ihn an der französischen Miliz. Alle Kontrollen wurden von der Miliz durchgeführt. Die Miliz war verhaßt. Sie machte alles für die Deutschen, die ganze Drecksarbeit. Aber das war nur in den Städten wie Limoges. In Oradour gab es nicht einmal eine Miliz. Die Bauern von Oradour haben in ihrem Leben nur zweimal deutsche Soldaten gesehen: am 11. November 1942 und dann noch einmal am 10. Juni 1944. Das war dieser Sonnabend. Ich war zu Hause, in der Firma hatten wir die Arbeit niedergelegt.«

Die Arbeiter unterstützten den Widerstand gegen die deutsche Besatzung. Sie sollten deutsche Militärlastwagen für den Krieg in Rußland winterfest machen und weiß spritzen. Im Juni 1944 . . .

An den Laternen in Tulle hingen die Geiseln

Heinz Barth, der SS-Untersturmführer, war mit seinen SS-Kameraden der Division »Das Reich« auf dem Marsch von Toulouse Richtung Normandie zur Invasionsfront. Unterwegs durchsuchten sie Häuser nach Partisanen, steckten Höfe in Brand, hängten Bauern auf. Barth erinnerte sich später: »Man hatte uns gesagt, der Weg zur Normandie führt durch französisches Widerstandsgebiet. Und der Befehl hieß, jeder Widerstand ist zu brechen. Wenn wir beschossen werden, dann sollte abgesessen werden. Erstmal volle Deckung, dann die Häuser durchsuchen und, falls Leute aufgefunden werden, die sind zum Vorgesetzten zu bringen.«

Und dann?

»Dann wurden vom Kommandeur eben weitere Befehle erteilt. Meistens Vergeltungsbefehle. Erschießen oder eventuell aufhängen. Und die Häuser sollten wir niederbrennen. Einmal wurden wir auch tatsächlich beschossen, es gab Tote bei den Deutschen. Das war im Dorf Frayssinet-le-Gélat im Périgord. Es war ein langgestrecktes Dorf. Da hat der Kommandeur angeordnet, Geiseln zu nehmen. Ich habe nur gesehen, wie dann die Männer erschossen wurden.«

Erschossen oder erhängt?

»Auch erhängt. Ich habe das erst beim Weitermarschieren gesehen.«

Auch Frauen?

»Ja. Es wurde uns später gesagt, daß es eine Vergeltung gewesen ist.«

Ob er Mitleid empfunden habe?

»Also dagegen war man abgestumpft. Hier waren ja Kameraden erschossen. Das war ein anderer Wert.«

Die Wirklichkeit war schlimmer, als Barth sie vor Gericht schilderte.

In Frayssinet-le-Gélat an der Straße zwischen Cahors und Souillac macht das 1. Bataillon »Der Führer« der SS-Panzerdivision »Das Reich« am 8. Juni eine Marschpause. Aus einem Haus wird geschossen. Ein SS-Mann ist tot. Der Bataillonskommandeur Diekmann läßt den Ort umstellen. Die gesamte Bevölkerung muß sich auf dem Dorfplatz sammeln, 400 Menschen. Es ist das gleiche Muster, nach dem zwei Tage später das Massaker von Oradour beginnt. Alle Häuser werden durchsucht. Auch der SS- Untersturmführer Barth beteiligt sich mit seiner Gruppe an dieser Razzia. Eine alte Frau wird verdächtigt, geschossen zu haben. Sie wird an einem Baum erhängt. Ihre beiden Nichten, die im selben Haus wohnten, hängen die SS-Leute neben sie. Dann zünden sie das Haus an und werfen die drei Leichen in die Flammen. Zehn Männer werden als Geiseln gegriffen und vor ein Erschießungskommando gestellt. Barths Kompanieführer, der SS- Hauptsturmführer Otto Kahn, hat den Befehl. Ob auch Barth mitschießt, weiß man nicht.

Ein Bauer bittet den SS-Offizier, vor seinem Tode zum letzten Mal seinen fünfzehnjährigen Sohn umarmen zu dürfen. Kahn gibt die Erlaubnis. Dann schießt er Vater und Sohn tot, als sich beide in den Armen halten.

So marschieren sie durch das Land. Hängend, schießend, brennend. In Frankreich wird bis heute der Marsch der SS-Divi-

Auf einer der Vormarschstraßen zur Invasionsfront an der Normandie: Deutsche Polizeisoldaten haben Franzosen am Straßenrand erschossen.

sion »Das Reich« der »blutige Marsch« genannt. Und die beiden Worte »Das Reich« gelten noch ein halbes Jahrhundert später in Frankreich als Kennzeichnung von Mördern.

Ein Teil der Division passiert die Stadt Tulle. Hier hatte der französische Maquis einen Überfall auf die deutsche Garnison gemacht. Es war der 9. Juni 1944. Der Befehlshaber der Division, SS-Brigadeführer Lammerding, läßt in der Stadt ein Plakat anschlagen mit den Worten: »Für die Partisanen und diejenigen, die ihnen behilflich waren, gibt es nur eine Strafe: die Todesstrafe durch Erhängen. Einhundertzwanzig Maquisards oder deren Komplizen werden aufgehängt. Ich verlange die loyale Mitarbeit der Zivilbevölkerung zur wirksamen Bekämpfung des gemeinsamen Feindes, der kommunistischen Banden.«

Aus »Gnade« vermindert der SS-General die Zahl der zu Erhängenden schließlich auf 99.

Sie werden an den Balkons der Häuser in der Hauptstraße aufgehängt. Sie hängen an den Laternen. Sie hängen an Telefonmasten in der Hauptstraße. Eine Allee der Opfer des Faschismus. Der SS- Hauptsturmführer Kowatsch läßt während des Massenmordes ein Grammophon mit Verstärker vor dem »Tivoli« aufstellen. Tangomusik dröhnt über den Schlachtplatz. Aus der Gruppe der Geiseln, die im Hof der Munitionsfabrik auf ihre Ermordung warten, läßt Hauptsturmführer Kowatsch die Arbeiter der Beerdigungsinstitute herausrufen: »Kommt, kommt, es gibt Arbeit!«, soll er nach Zeugenaussagen gerufen haben.

Von vier Uhr nachmittags bis nach sieben dauert das Hängen. Ein Mann reißt sich los, läuft zu einem der Aufgehängten und greift nach dessen Hand. Ein Verwandter? Sofort wird er von mehreren Schüssen getroffen. Der jüngste der Ermordeten ist siebzehn Jahre alt, der Lehrling Viellefond. Der älteste ist fünfundvierzig, der Fahrradhändler Mauroy.

Während seine Leute noch beim Aufhängen sind, fährt der SS-General Heinz Lammerding mitten durch die Mordszene. Er verlegt seinen Divisionsgefechtsstab aus dem Hotel Moderne in eine stark gesicherte Villa an der Straße von Tulle nach Clermont-Ferrand. Aber seine Kuriere kommen nicht einmal in die Nachbarorte. Überall kämpfen die Maquisards[1] gegen die Deutschen. Sie greifen Truppen an. Zerschneiden die Telefonkabel.

1 Maquisards: Kämpfer in den Wäldern, deren Unterholz »Maquis« genannt wird.

Sprengen Eisenbahnlinien. Im Kriegstagebuch der Feldkommandantur 588 steht:

7. Juni 1944. Nachrichtennetz sehr gestört. Laufend Meldungen über Bahnstörungen. Von Guéret keine Nachricht.

8. Juni 1944. Nach Brive, Tulle Périgueux sämtliche Verbindungen gestört.

10. Juni 1944. In Mariges (23 Kilometer südlich Ussel) liegt Flak-Einheit mit etwa 70 Mann, dazu Wache II./Sich. Rgt. 95 mit 1/9. Dortiges Stauwerk soll von 3 bis 4 000 Aufständischen eingeschlossen sein. Deutsche Einheit hat nur noch für wenige Tage Munition und Verpflegung.

11. Juni 1944. Gegen Zentralmassiv seit 10. Juni drei Gruppen eingesetzt ... Kdt. Verb.-Stab Brive meldet, daß Besatzungstruppe 13 Uhr Tulle geräumt hat und nach Brive zurückgenommen wird ... Durch die Truppe sind die noch befahrbaren Bahnhöfe daraufhin zu überwachen, daß ein weiterer Zuzug zu den Mobilisierungslagern unbedingt verhindert wird. Verdächtige Personen sind festzunehmen und dem SD zu übergeben beziehungsweise in Gefangenen-Sammelstellen festzuhalten ... Issoudun, 23 Kilometer nördlich von Chateauroux, von Terroristen besetzt. Auf dem Marktplatz fanden Massenkundgebungen der Bevölkerung statt. Tunnel von Lioran an Strecke Murat – Aurillac (30 Kilometer von Aurillac) gesprengt.

12. Juni 1944. Verb. Stab Périgueux meldet: Lage in Dordogne unübersichtlich. Verbindungen unterbrochen, nur teilweise mit Limoges und Bordeaux. Viele Straßensperren. Straße und Bahn Brive–Périgueux zur Zeit offen. Straße Périgueux–Limoges unterbrochen. Lage in Bergerac unbekannt.«

Die Geschichtsschreiber des französischen Widerstandes hatten einen besseren Überblick. Die beiden Autoren Anne-Marie Badourès und Maurice Bouyou[1] berichten:

»Städter und Bauern lebten unter dem Terror; Städte wurden geplündert, Bauernhöfe angezündet, überall Greuel: Die Freiheit näherte sich über Leichenhügeln. Das Klima des mörderischen Wahnsinns erreichte den Höhepunkt mit dem Eintreffen der Division »Das Reich« im Lauf der Monate Mai und Juni 1944. Die Nazis waren entschlossen, den Maquis im Süden des Zentralmassivs zu vernichten, der für sie ungreifbar war, und

1 Bouyou et Badourès, La Paysannerie en Périgord 1940–1950, Edition le Mascaret, Bordeaux, 1983

setzten deshalb diese Schreckensdivision ein, die durch ihre blutigen Maßnahmen in Erinnerung bleiben wird. Die Division ›Das Reich‹ hinterließ schreckliche Spuren auf ihrem Weg durch das Périgord; manche Ortschaften entgingen nur durch ein Wunder dem Schicksal von Oradour, und trotz des verhängnisvollen Aderlasses gelang es ihnen nicht, den Maquis auszulöschen.

Die Kämpfe, die Überfälle geschahen täglich an den verschiedensten Orten des Departements ... ›Die nationale Befreiung und die nationale Erhebung sind untrennbar‹, hatte de Gaulle erklärt ... Nach der Landung der Alliierten in der Normandie am 6. Juni 1944 kam es zu einer allgemeinen Erhebung der Bevölkerung, und die Untergrundkämpfer kamen aus ihren Verstecken hervor und wurden zu Kämpfern des Tageslichts.

In dieser Zeit bemächtigten sich die F. T. P. F.[1] und die A. S.[2] der Orte Sarlat, Montignac-sur-Vézère, befreiten Nontron (und die von der Vichy-Regierung eingesperrten politischen Gefangenen). An den folgenden Tagen:

Excideuil, Savignac-les-Eglises, Thenon und so weiter ... Die Straßen wurden durch Barrikaden gesperrt, die Eisenbahnlinien blockiert, die Brücken, Hochspannungsleitungen, die Telefonkabel, die Benzinlager. Die Miliz floh nach Limoges, die Deutschen verschanzten sich in Périgueux und in Bergerac. Sie wollten ihre Truppen zur Verstärkung in die Normandie schicken, aber die Fallen, in die sie gerieten, verlangsamten ihren Weg nach Norden und beschleunigten statt dessen den Vormarsch der Alliierten – um den Preis des Blutes und der Brände.

Die Marschkolonnen, die immer wieder von den Maquisards gepeinigt wurden, verübten Akte wilder Rache, schossen auf alles, was sich bewegte, verbrannten Frauen und Kinder. Hier eine Chronologie der Massaker:

9. bis 10. Juni: le Fleix, Terrasson, Lesparat ...

11. Juni: Mussidan, ein zweites Mal. Es ist einer der am härtesten geprüften Orte der Dordogne, weil zahllose Einwohner wegen ihres Widerstandes während der ganzen Zeit der Okkupation deportiert wurden. Am 11. Juni besetzte die Division ›Das Reich‹ den Ort als Repressalie für einen Angriff der F. T. P. F. auf einen deutschen Panzerzug im Bahnhof von Mussidan, bei dem

1 F. T. P. F. = Francs-Tireurs et Partisans de France, größte vorwiegend kommunistische Widerstandsbewegung der Freischärler und Partisanen.

2 A. S. = Armée Secrete, Geheimarmee.

alle Soldaten im Zug getötet worden waren ... Die nordafrikanische Brigade nahm 52 Geiseln und erschoß sie; auch der Bürgermeister wurde festgenommen, gefoltert und dann ermordet; die ganze Stadt wurde zur Plünderung freigegeben und entging nur knapp dem Niederbrennen.

12. Juni: Der Ort Piles wird niedergebrannt.

18. Juni: Kämpfe bei Mouleydier.

21. Juni: Mouleydier wird niedergebrannt.«

In diesen Tagen war mehr als die Hälfte des besetzten Gebietes in Frankreich von den Widerstandskämpfern befreit worden. Die Deutschen beschlossen, den Widerstand durch härtesten Terror zu brechen. Schon seit langem, seit drei Jahren schon, gab es einen Erlaß des Militärbefehlshabers in Frankreich über die Erschießung von Geiseln. Der General von Stülpnagel hatte am 28. August 1941 angeordnet: »Wenn sich ein Vorfall ereignet, der es gemäß meiner Ankündigung vom 22. August 1941 notwendig macht, Geiseln zu erschießen, muß die Erschießung dem Anlaß unverzüglich nachfolgen.«

Diese Mordverordnung wurde am 8. Juni 1944 durch den Oberbefehlshaber West verschärft: »Wehrmachtführungsstab hat die Erwartung ausgesprochen, daß bei den Großunternehmen gegen die Banden in Südfrankreich mit äußerster Schärfe und ohne Nachsicht vorgegangen wird. Der dauernde Unruheherd hat größte Bedeutung für die weitere Entwicklung im Westen. Halbe Erfolge solcher Aktionen nützen nichts. Die Widerstandskräfte sind in schnellem und umfassendem Zupakken zu zerschlagen. Zur Wiederherstellung von Ruhe und Sicherheit sind schärfste Maßnahmen zu ergreifen, zur Abschreckung der Bewohner dieser dauernd verseuchten Gebiete, denen die Lust vergehen muß, die Widerstandsgruppen aufzunehmen und sich regieren zu lassen, und zum warnenden Beispiel für die gesamte Bevölkerung.«

Alle Personen sind zu vernichten

Um die dauernden Unruheherde endgültig auszulöschen, hatte Lammerding die Laternen und die Balkons von Tulle zu Galgen gemacht. Über hundert Einwohner ließ er in das KZ Dachau transportieren, nur wenige kamen zurück.

Am Abend des Massenmordes von Tulle war der SS-Untersturmführer Heinz Barth mit dem Bataillon »Der Führer« in Saint Junien eingetroffen. 50 Kilometer westlich von Limoges.

Am Morgen des nächsten Tages rief der Bataillonskommandeur Diekmann seine Offiziere im Hotel de la Gare in Saint Junien zusammen. Er gab bekannt, die Partisanen hätten einen hohen SS-Offizier entführt, den SS-Sturmbannführer Kämpfe. Alle wußten: Kämpfe war sein Freund. Er war der Kommandeur des 3. Bataillons. Das hatte den Befehl erhalten, die von den Partisanen besetzte Stadt Guéret zurückzuerobern. Unterwegs hatten Kämpfes Leute 29 Partisanen gefangengenommen und erschossen. Aber die Maquisards rächten sich. Wenig später fanden die SS-Leute den Wagen ihres vorausgefahrenen Kommandeurs leer am Straßenrand, mit laufendem Motor. Kämpfe war verschwunden.

Sein Freund Diekmann wollte ihn rächen. Und Heinz Barth sollte Beteiligter dieser Rache sein.

Barth sagte vor Gericht aus: »Nachdem die Offiziere Platz genommen hatten, ordnete der Bataillonskommandeur an, unverzüglich die Marschbereitschaft herzustellen. Mittags habe die Kompanie nach Oradour-sur-Glane abzurücken, den Ort niederzubrennen und ohne Ausnahme alle Personen vom Säugling bis zum Greis zu vernichten.«

Diekmann habe befohlen: »Die Ortsausgänge sind abzusperren. Kein Mensch darf heraus und kein Mensch herein.«

Der Verteidiger fragt 39 Jahre später den Angeklagten Heinz Barth: »Bei der Befehlsausgabe in Saint Junien, hat da einer von den anwesenden Offizieren Bedenken gegen den Befehl geäußert?« Und Barth antwortet: »Da hat keiner von den Anwesenden irgendwas zu dieser Bekanntmachung des Bataillonskommandeurs gesagt, opponiert oder irgendwelche Einwände gemacht oder Fragen gestellt.«

Wie hätten sie auch? Immer wieder hatte es solche Befehle von den höchsten SS- und Wehrmachtskommandeuren gegeben, keine Rücksicht auf das Leben von Frauen und Kindern zu nehmen. Hitlers Handlanger, der General Keitel, hatte am 16. Dezember 1942 der Truppe befohlen:

»Die Truppe ist daher berechtigt und verpflichtet, in diesem Kampf ohne Einschränkung auch gegen Frauen und Kinder jedes Mittel anzuwenden, wenn es nur zum Erfolg führt. Rücksichten, gleich welcher Art, sind ein Verbrechen gegen das deutsche Volk und den Soldaten an der Front, der die Folgen der Bandenanschläge zu tragen hat... Kein in der Bandenbekämpfung eingesetzter Deutscher darf wegen seines Verhaltens im Kampf gegen die Banden und ihre Mitläufer disziplinarisch oder kriegsgerichtlich zur Rechenschaft gezogen werden.«

Soldaten wie Barth, der damals 23 Jahre alt war, brauchten keinen solchen Führerbefehl. Er war schon so abgerichtet, daß er auch ohne Rechtfertigung auf Befehl Morde begehen konnte. Er hatte ja schon genug begangen. Nur: Kinder zu töten, das war neu für ihn. Aber auch das brachte ihn nicht zum Nachdenken an diesem 10. Juni 1944 im Bahnhofshotel von Saint Junien.

Ein paar friedliche Jahre vorher: Die Rue des Bordes in Oradour mit Blick auf das »Café du Chêne« und den Laden des Friseurs Morliéras.

aux
enne) — La Rue des Bordes

Heute wird viel Blut fließen

Die Glocke der Kirche von Oradour läutet den Mittag ein. Es ist zwölf Uhr. Die Sonne glüht heiß auf den Marktplatz. Aus einem Radio kommt das Zeitzeichen. Dann die Stimme des Nachrichtensprechers: »An der Invasionsfront finden schwere Abwehrkämpfe der deutschen Truppen gegen das britisch-amerikanische Invasionsherr im Raum von Carentan und an der Vire statt. Auf der Halbinsel Cotentin wurde ein alliierter Angriff erfolgreich zurückgeschlagen.«

Viele Menschen sind im Dorf. Es ist Sonnabend, der 10. Juni. An jedem zehnten Tag gibt es die Tabakzuteilung. Der alte Doktor Desourteaux, der Bürgermeister, unterhält sich vor seinem Haus mit einem Bauern: Carentan und die Vire, das liegt zwischen Cherbourg und Saint Lo, fünfhundert Kilometer entfernt.

Von derselben Stelle aus der heutige Blick auf das »Café du Chêne«.

Bis sie hier sein werden, kann es noch Wochen und Monate dauern. Doktor Desourteaux verabschiedet seinen Patienten, geht hinein zur Mittagssuppe.

An diesem Sonnabend ist Maurice Beaubreuil mit seinem Bruder aus Saint Junien nach Oradour gefahren, um Onkel René Mercier und Tante Jeanne zu besuchen, eine geborene Beaubreuil. Die Merciers haben ein kleines Kolonialwarengeschäft gegenüber der Kirche, eine Epicerie. Bei ihnen können sich die Jungen von Zeit zu Zeit richtig satt essen.

Das können sie sonst nicht. Denn die beiden Brüder sind aus deutscher Kriegsgefangenschaft geflüchtet. Sie sind illegal. Papiere haben sie nicht und Lebensmittelkarten auch nicht. Würde man sie erwischen, dann würden sie entweder in ein Gefängnis gesteckt oder als Zwangsarbeiter nach Deutschland geschickt. Und bei den Merciers in Oradour gibt es auch im Sommer 1944 noch genug zu essen und zu trinken.

Ein paar Häuser weiter wohnt die Familie Darthout, gleich hinter der Kirche. Sie haben erst vor kurzer Zeit geheiratet, Jean-Marcel und Angèle. Sie stammt aus Javerdat, dem Nachbarort, ist eine geborene Georges. Sie sitzen beim Essen, schon bei der Nachspeise, Jean-Marcel will sich die Haare schneiden lassen beim Friseur Lucien Morliéras. Der ist nicht nur Friseur. Der hat auch ein kleines Restaurant, das Café du Chêne. Die große Eiche, von der das Café seinen Namen hat, ist der Dorfmittelpunkt. Man findet sie auch heute sofort. Sie hat den großen Brand überstanden, ist größer und größer geworden. Die Eiche von Oradour steht dort, wo die Rue des Bordes auf die Rue Emile Desourteaux stößt. Nur die Schilder am verbrannten Haus kann man nicht mehr entziffern. Weder das Café-Schild, auf dem noch ein paar blaue und rote Farbreste schimmern, noch das Schild des Friseurs.

Jean-Marcel geht die paar Schritte zum Café zur Eiche. Da trifft er den Bauern Broussaudier aus Veyrac, der sich auch die Haare schneiden lassen will. Aber der Friseur Morliéras hat noch Mittagspause. Die Tür ist geschlossen. Die beiden Kunden setzen sich an eines der kleinen Café-Tischchen unter dem großen Baum und sprechen über die Invasion.

Plötzlich hören sie von der Glane-Brücke her ein tief brummendes Geräusch und das Rasseln von Ketten. Jean-Marcel sieht am Dorfeingang fünf Panzerspähwagen erscheinen. Sie fahren über die Brücke an der Kirche und am Haus des Friseurs vorbei.

Nach ein paar Minuten kommen zwei der Wagen wieder zurück zur Brücke und halten dort. In diesem Augenblick ruft Angèle über die Straße, ruft nicht, schreit: »Jean-Marcel, Jean-Marcel, komm sofort nach Hause!«

Der Friseur hat noch nicht mit dem Haareschneiden begonnen. Jean-Marcel Darthout steht auf, geht wieder über die Straße und fragt seine Frau, was los ist. 39 Jahre später sagt er darüber vor dem Gericht in Berlin aus: »Sie sagte mir, ich solle in die Felder laufen. Die Deutschen führten irgend etwas Böses im Schilde. Aber ich konnte das nicht mehr tun. Im selben Augenblick erschienen schon Soldaten vor unserer Tür und befahlen mir, wieder ins Haus zurückzugehen. Ich fragte den einen: ›Papiere?‹ und er antwortete: ›Jaja, Papiere.‹ Ich glaubte nicht, daß die Situation irgendwie gefährlich war. Die Deutschen wollten ja nur ›Papiere‹, also sollte es irgendeine Art von Kontrolle geben. Dann kamen Soldaten in unser Haus und kommandierten: ›Raus!‹ Meine Frau, meine Mutter und ich mußten dann zum Marktplatz gehen. Dort standen schon viele Leute.«

Zum Beispiel stehen dort auch René und Jeanne Mercier. Ihr Neffe Maurice Beaubreuil sagt später vor Gericht aus: »Wir hatten noch am Tisch gesessen, nach dem Mittag, da hörten wir den Lärm von Fahrzeugen, die über die Flußbrücke kamen. Autos gab es damals kaum bei uns. Ich glaube, nur der Arzt hatte das Recht, mit einem Auto zu fahren. Ich habe zu meinem Bruder gesagt: ›Komm schnell ans Fenster, wir gucken mal, was da los ist.‹ Ich weiß heute nicht mehr genau, wie viele Fahrzeuge wir sahen, die dort über die Brücke kamen. Es waren aber mindestens vier. Ich habe gleich erkannt, daß es deutsche Panzerspähwagen waren. Sie waren mit Soldaten besetzt, die Stahlhelme trugen. Wir hatten beide Angst, mein Bruder und ich. Wir waren ja beide noch ziemlich jung, ich war zwanzig und mein Bruder achtzehn. Wir fürchteten, die Deutschen würden uns mitnehmen zur Zwangsarbeit in Deutschland. Vier Tage zuvor war die Invasion gewesen, und es war eine allgemeine Furcht der jungen Leute, von den Deutschen mitgenommen zu werden. Unter der Küche war ein Versteck. Wir beide sind dort hineingekrochen. Wir hörten die Fahrzeuge an unserem Haus vorbeifahren. Wir hörten auch, wie die deutschen Soldaten in die Häuser liefen und wie die Leute hinausgetrieben wurden mit den Rufen: ›Komm, komm!‹ und ›Raus, raus!‹ Ich hörte dann, wie auch in unserem Haus die Tür aufging. Die Schritte des Soldaten hörte ich. Und dann hörte ich, wie er meine Tante und meinen Onkel aufforderte, aus dem Haus zu kommen. Ich hörte, wie er mit ihnen zur Tür gegangen ist. Dann war es still. Wir haben in der Dunkelheit gesessen, und wir haben nichts gehört. Vielleicht eine halbe Stunde oder eine dreiviertel.«

Robert Hébras hat sich nicht versteckt. Er hatte dazu auch gar keine Möglichkeit mehr. Denn die deutschen Panzerspähwagen fahren am Haus seiner Eltern vorbei. Halten ein Stück weiter oben. Zwanzig Mann springen herunter. Robert hat vor dem Haus mit seinem Freund Brissaud gestanden und geredet. Jetzt gehen sie beide nach Hause. Ein paar Minuten später schlagen Gewehrkolben gegen die Tür: »Raus, raus!« rufen die Soldaten. Robert Hébras vor Gericht: »Sie haben alle Bewohner des Ortes aus den Häusern geholt. Man hat uns den Befehl gegeben, uns auf dem Marktplatz zu versammeln. Die SS-Männer haben die Menschen aus den Häusern geholt. Sie haben uns angeschrien, damit wir möglichst schnell aus unseren Wohnungen herauskommen. Dann sind die Deutschen noch einmal in die Häuser hineingegangen. Sie wollten nachforschen, ob dort noch Personen dringeblieben waren. Alle wurden herausgeholt, die Frauen, die Männer, die Kinder. Alle, ohne Ausnahme. Und alle wurden zum Marktplatz getrieben. Wir sind dort hingegangen, zuerst ganz ohne Angst. Wir haben gedacht, es wird eine Kontrolle der Personalpapiere gemacht.«

Auch Martial Machefer hat das gedacht. Er hatte aus seinem Fenster gesehen, wie die deutschen Panzerspähwagen vorbeifuhren. »Sie waren besetzt mit deutschen Soldaten. Es war immer ein Offizier oben mit drauf. Die Soldaten sind im oberen Teil des Dorfes abgestiegen, und die Panzerspähwagen sind leer zum Dorfeingang zurückgefahren. Die Soldaten haben angefangen, die Häuser zu durchsuchen und die Menschen hinauszutreiben. Meine Frau und meine Kinder wurden auch abgeholt. Ich bin vorher weggelaufen und hatte mich verstecken wollen. Meine Frau hatte mir gesagt, es sind SS-Leute und ich müsse verschwinden, sonst sei ich in Gefahr. Wissen Sie, ich habe ja auch an der Front gekämpft, gegen die Deutschen. Aber wenn ich damals Gefangene gemacht hätte, ich hätte denen nichts getan. Als ich mich jetzt verstecken wollte, bin ich den SS-Leuten gerade in die Arme gelaufen. Sie haben das Dorf von außen umstellt gehabt und mir befohlen, wieder ins Dorf zurückzugehen. Die Deutschen haben angefangen zu schreien, schnell, schnell. Dann haben sie sich nach rechts und nach links verteilt und sind auf das Dorf zugelaufen. Sie haben mich praktisch vergessen. Ich habe mich dann dort an der Stelle in einem Gebüsch versteckt.«

Die Soldaten, die das Dorf umstellt hatten, gehörten zum Zug des Untersturmführers Barth. Auch er schildert den Anfang des Massakers ähnlich: »Als ich das Dorf Oradour sah, gingen meine Gedanken dahin: Wir sind auf dem Kriegsmarsch zur Normandie, müssen dorthin so schnell wie möglich zum Einsatz, und dann müssen eben solche Widerstände, die sich uns entgegenstellen, gebrochen werden. Andere Gefühle kamen da in mir gar nicht hoch. Ich war damals auch der Meinung, daß im Krieg eben besondere Gesetze herrschen und daß mit aller Härte und mit allen Mitteln vorgegangen werden muß. Vor dem Dorfeingang hielt die Kolonne. Da zog sich ein Gefälle zum Fluß hinunter. Und dort haben dann die Mannschaften auch erfahren, was sie tun mußten. Sie haben also ihre konkreten Aufträge vom Bataillonskommandeur Diekmann erhalten. Ich fuhr dann mit meinem Zug durch die Ortschaft, bis zum Ausgang des Dorfes. Dort wurde abgesessen. Es war ein langgestrecktes Dorf. Es waren wenig Leute auf der Straße. Lediglich vor einem Gebäude waren mehrere junge Leute herausgetreten. Das ist mir noch genau in Erinnerung. Die sind aber, nachdem sie gesehen hatten, daß unsere Kolonne weiter das Dorf durchfuhr, wieder hineingegangen. Ich nahm an, daß es wohl ein Restaurant gewesen sein müßte.«

Es war das Hotel Milord, der Kirche gegenüber. Juliette Milord hat gerade das Dessert serviert. Die Leute sprechen von Tisch zu Tisch über die guten Nachrichten aus der Normandie. Es sind mehr als zwanzig Personen. Außer einigen Einwohnern von Oradour sind auch ein paar Gäste aus Limoges da und Familien aus Paris, ein junger Sportler aus Marseille, ein Pelota-Champion. Eine sehr reiche Dame mit viel Schmuck ist da. Einige alte Pensionäre, die regelmäßig am Wochenende zum Essen kommen. Ein junges Paar. Und zwei Lehrerinnen, beide zwanzigjährig, von der Mädchenschule. Die Leute haben in aller Ruhe die deutschen Soldaten vorbeifahren sehen. Plötzlich stehen die SS-Männer in der Tür: »Raus, raus!« Und: »Schnell, schnell!« Niemand, der hier gegessen hat, überlebt diesen Tag.

Denn eins hat der SS-Untersturmführer Heinz Barth bei seiner Schilderung des Einzugs nach Oradour verschwiegen. Der Gerichtsvorsitzende fragt ihn später danach: »Haben Sie Ihren

Leuten auf dem Marsch nach Oradour gesagt: Heute wird viel Blut fließen?«

Barth: »Daran kann ich mich nicht erinnern.«

Vorsitzender: »Oder haben Sie vielleicht gesagt: Heute werdet Ihr viel Blut sehen?«

Barth: »Ja. So etwas werde ich gesagt haben.«

Gegenüber der Kirche: das »Hotel Milord« und – davor – die »Epicerie Mercier«.

Heutiger Blick auf das zerstörte »Hotel Milord« und die »Epicerie Mercier«.

Oradour wird »nachhaltig gesäubert«

Es ist nicht einmal eine Dreiviertelstunde vergangen, da haben die Deutschen schon alle Einwohner auf dem Markt zusammengetrieben. Die Häuser sind nun leer, bis auf einige wenige, in denen sich Menschen verstecken konnten. Die Leute stehen auf dem Platz und warten. Sie wissen nicht, was geschehen wird. Sie warten ganz ruhig. Auch die SS-Leute sind jetzt ganz ruhig, obwohl sie wissen, was in den nächsten Minuten vor sich gehen soll.

Der SS-General Heinz Lammerding hat seiner Division »Das Reich« für diesen 10. Juni 1944 einen klaren Tagesbefehl erteilt: »Die Banden terrorisieren unter Ausschaltung der deutschen Stellen und französischen Staatsorgane das Gebiet Brive – Clermont-Ferrand – Limoges. ... Die Division säubert den Raum rasch und nachhaltig von den Banden mit dem Ziel, beschleunigt für die Fortsetzung der Auffrischung oder Einsatz gegen die Invasion wieder freizuwerden.«

Diese nachhaltige Säuberung von Banden findet jetzt in Oradour statt. Dabei sind viele Landsleute unter den SS-Leuten: Elsässer. Einige haben sich freiwillig zur SS gemeldet, die meisten sind eingezogen worden gegen ihren Willen. Nun stehen sie ihren französisch sprechenden Opfern gegenüber in einem kleinen Dorf, das nach dem Ausbruch des Krieges viele elsässische Flüchtlinge aufgenommen hatte. Die meisten von ihnen schweigen, verraten nicht, daß sie die angstvollen Gespräche der Dorfbewohner verstehen.

Heinz Barth schildert weiter: »Der Ort machte einen ruhigen Eindruck. Ich gab dann die Befehle an meine Gruppenführer weiter, indem ich sagte, daß zwei Gruppen dieses Dorf umstellen sollen. Eine Gruppe linker Hand, eine Gruppe rechter Hand. Meine Posten standen in Sichtweite, so daß sie sich jederzeit durch Ruf oder Blick verständigen konnten. Es gab keine Lücke. Von den Absperrposten habe ich dann einzelne Schüsse gehört. Es war ja befohlen worden, daß bei Fluchtversuch geschossen wird. Aus den Schüssen entnahm ich, daß eben Fluchtversuche unternommen worden waren.«

Geschossen wird zum Beispiel auf das siebenjährige Schulkind Roger Godfrin.

Der Junge ist mit seinen beiden Schwestern, der dreizehnjährigen Marie-Jeanne und der elfjährigen Pierrette, in der Schule. Drei Schulen gibt es in Oradour. Die dreiklassige Mädchenschule mit 106 Schülerinnen, geleitet von Mademoiselle Couty. Die Knabenschule mit 64 Jungen, geleitet von Madame und Monsieur Rousseau. Und eine kleine Schule für die 22 Kinder der Flüchtlinge aus Lothringen, die in Oradour untergebracht sind. Ihr Direktor heißt Fernand Gougeon, ist 33 Jahre alt und mit seiner Frau und seinen beiden Söhnen Gérard und Claude, fünf und vier Jahre alt, aus Metz hierher geflüchtet, um vor dem Krieg sicher zu sein. Auch die Godfrins sind aus Metz gekommen, mit drei Kindern. Ein viertes ist 1941 auf der Flucht in Saint Junien geboren, Claude, jetzt vier Jahre alt. Das fünfte Kind kam schon in Oradour auf die Welt, die kleine Josette. Sie ist nun drei. Ihre Mutter Georgette ist im siebten Monat schwanger. Bald soll das sechste Kind geboren werden. Ein Kind, das schon vor seiner Geburt ermordet wird.

Als der Durchsuchungstrupp Barths in die Ecole Lorraine einbricht: »Raus, raus!« da beginnen viele Kinder zu schreien. Marie-Jeanne und Pierrette Godfrin rufen nach ihrer Mutter. Nur ihr kleiner Bruder, Roger, bleibt ruhig. Er sagt zu ihnen, als sei er ein erfahrener alter Mann: »Das sind die Deutschen. Ich kenne sie. Sie werden uns Böses tun. Laßt uns weglaufen und uns retten!« Aber seine beiden Schwestern hören nicht auf ihn. Sie lassen sich, wie die anderen Kleinen, von ihrem Lehrer beruhigen, und dann zieht der Zug der 21 kleinen Lothringer mit Fernand Gougeon die Rue des Bordes entlang zum Marktplatz.

Roger rennt aus der Hintertür der Schule. Er klettert über eine Hecke. Da entdecken ihn Barths Wachtposten. Einer der SS-Leute schießt. Roger läßt sich hinfallen und stellt sich tot. Der SS-Mann kommt zu ihm und tritt ihn mit der Stiefelspitze in die Seite. Roger stöhnt nicht. Der Mann stellt seinen Fuß auf seinen Rücken. Roger bleibt regungslos liegen. Da geht der SS-Mann weg.

Der Junge läßt eine lange Zeit vergehen. Sieht sich vorsichtig um. Als kein Posten in der Nähe ist, springt er auf und versteckt sich in einem Gebüsch. Bis es im Dorf zu schießen beginnt.

Auch aus den anderen Schulen sind inzwischen die Kinderzüge auf dem Champ de Foire angekommen. Vorn gehen die

Lehrerinnen und Lehrer, ruhig folgen ihnen die Schüler, als gingen sie zu einem Ausflug. Zuerst kommen Léonard und Jeanne Rousseau mit den 64 Schülern aus der Jungenschule. Dann kommt Herr Gougeon mit den 21 lothringischen Schulkindern. Und ganz zuletzt, es ist schon 14 Uhr 45, kommt der größte Zug mit 106 Mädchen aus der Mädchenschule, angeführt von den drei jungen Lehrerinnen Odette Couty, Raymonde Vincent und Denise Bardet. Am Vormittag hatten die Schülerinnen ihrer Lehrerin Denise zu Ehren ein Geburtstagslied gesungen. Sie wird an diesem 10. Juni 24 Jahre alt.

Die Ankunft der Kinder wirkt beruhigend auf die Menschenmenge. Offenbar glaubt man nun erst recht nicht an irgendeine Gefahr. Sie werden doch die Kinder nicht töten, denken die Menschen.

Robert Hébras wird später vor Gericht gefragt, wie lange es gedauert hat, bis alle Menschen auf dem Marktplatz waren.

»Ich habe die Deutschen zum ersten Male um 14 Uhr gesehen. Um 14 Uhr 45 waren wir schon alle auf dem Platz. Dann hat man zwei Gruppen gebildet. Die Frauen und die Kinder mußten auf die eine Seite des Marktplatzes, die Männer auf die andere Seite. Dann wurden die Frauen und die Kinder in südlicher Richtung fortgeführt. Diese Trennung wurde ziemlich brutal vorgenommen. Trotzdem änderte sich unsere Stimmung nicht. Wir haben keine Sekunde an das gedacht, was nun kommen würde.

Als die Frauen weg waren, wurden wir Männer in Dreierreihen auf dem Bürgersteig aufgestellt. Hinter uns wurden Maschinengewehre in Stellung gebracht. Dann erschien ein Dolmetscher. Er erklärte uns: Hier in der Ortschaft gibt es ein Waffenlager. Wenn wir dieses Waffenlager gefunden haben, dann seid Ihr wieder frei. Jeder, der Waffen in seinem Besitz hat, soll sich melden.«

Es meldet sich der Bauer Jean Lamaud, 46 Jahre alt: »Ich habe ein Jagdgewehr. 6-Millimeter-Schrotflinte. Und ich habe eine Genehmigung der Präfektur.« Der Dolmetscher winkt ab. Die Deutschen interessieren sich nur für Militärwaffen. Aber es gibt keine in Oradour.

Die 35 bis 40 SS-Leute Barths haben längst ihre Häuserdurchsuchungen beendet. Barth selbst überzeugt sich, daß sie kein Haus ausgelassen haben. Er sagt 39 Jahre später:

»Im oberen Teil des Ortes betrat ich das erste Haus. Ich wollte kontrollieren, ob mein Zug dieses Haus ordentlich durchsuchte.

Ich hatte zuvor den Befehl gegeben, daß alle Einwohner, die dort angetroffen werden, zum Marktplatz zu führen sind, wie das vom Bataillonskommandeur angeordnet worden war. Nicht gehfähige Personen seien zu erschießen.«

Der Richter fragt Barth, ob in seinem Abschnitt tatsächlich Personen erschossen wurden, die nicht gehfähig waren.

Barth: »Mir ist da nichts bekannt geworden.«

Der Richter: »Ich darf Ihnen mal vorlesen, was Sie früher ausgesagt haben: ›Ich erinnere mich nur noch in etwa, daß mir ein Angehöriger meines Zuges – es müßte der Zugtruppführer des ersten Zuges gewesen sein – während der Durchsuchung im oberen Teil des Dorfes gemeldet hat, daß sich in einem Haus eine ältere bettlägerige Person befindet. Entsprechend der bestehenden Weisung über die Verfahrensweise mit solchen Personen, die ans Bett gebunden waren, habe ich den Zugtruppführer angewiesen, diese Person im Haus beziehungsweise im Bett zu erschießen. Ich weiß heute aber nicht mehr, ob es sich um eine männliche oder weibliche Person gehandelt hat.‹ Erinnern Sie sich jetzt wieder daran?«

Barth: »Jetzt, wo Sie mir das sagen, erinnere ich mich daran. Das war aber nichts Besonderes. Der Befehl lautete ja so.«

Barth geht zum Marktplatz. Dort kommt ein Melder vom Kompanietrupp. »Ich sollte mich sofort zum Bataillonskommandeur begeben. Da bekam ich den Befehl, mit der Gruppe, für die ich eingesetzt war, Franzosen, die in einem garagenähnlichen Gebäude untergebracht waren, zu erschießen.«

Robert Hébras wird mit einer Gruppe von Männern in solch ein garagenähnliches Gebäude gebracht. Es ist eine Scheune. Er berichtet: »Wir sind diesen Weg gegangen, über die Hauptstraße, die Rue Emile Desourteaux. Als wir dort durchgingen, sah ich in der Garage von Hubert Desourteaux auch schon eine Gruppe Männer. Und auf dem Bürgersteig davor war ein Maschinengewehr in Stellung gebracht. Dann sind wir dort um die Ecke geführt worden, in die Straße, die zum Friedhof führt, und man brachte uns in diese Scheune. Es war die Scheune von Laudy. Ungefähr vierzig oder fünfundvierzig Männer waren darin. Zunächst wurde uns befohlen, einen Wagen hinauszuschieben. Dann haben die Deutschen die Stelle vor der Tür sauber gefegt, und danach haben sie dort zwei Maschinengewehre aufgebaut. Die Deutschen selber haben das getan. Dann haben sie den Patronengurt eingelegt. Da standen noch zwei andere, die hatten

Patronengurte um die Schultern gelegt, und hinter ihnen stand ein fünfter, der hatte eine Maschinenpistole in der Hand.«

War der fünfte Barth? Robert Hébras weiß es nicht, erkennt ihn auch 39 Jahre später nicht wieder. Oder hat Barth das Erschießungskommando vor der Scheune von Hubert Desourteaux gehabt?

An sechs Stellen sind jetzt Männer zum Erschießen eingesperrt. In der Scheune von Bouchoulle, im Schuppen von Beaulieu, in der Scheune Milord, im Weinlager Denys, in der Garage Desourteaux und bei Laudy. Dort sind nicht 40 oder 45 Männer, wie Hébras meint, sondern 63. Überall haben die SS-Leute den Boden sauber gefegt und Maschinengewehre aufgestellt, die auf die Menschen zielen. Aber merkwürdigerweise glauben die meisten Männer immer noch nicht an Gefahr. Jean-Marcel Darthout, der auch in die Scheune Laudy gebracht wird, hat später dem Gericht ein kleines Detail geschildert. Es war bezeichnend für die ruhige Situation: »Einer der Männer, die uns bewachten, griff von Zeit zu Zeit in die Tasche und holte ein Stück Zucker heraus, das er sich in den Mund steckte. Es war ein ganz ruhiger Mann. Wir ahnten zu keinem Zeitpunkt, was uns bevorstand. Kurz bevor das Massaker begann, hat einer meiner Kameraden, ein Elsässer, gesagt: ›Paßt auf, sie werden uns erschießen.‹ Das war einige Sekunden, bevor das Schießen begann. Wir haben ihn alle erstaunt angesehen und das nicht geglaubt.«

Der Untersturmführer Heinz Barth sagt später aus: »Hauptsturmführer Kahn hat mir befohlen, auf ein bestimmtes Signal hin habe ich zu schießen. Das Signal war, er gab einen Schuß in die Luft ab. Ich kann mich noch erinnern, daß ein Bürger hervorkam, gebrochen deutsch sprach und mit einem Ausweis erkenntlich machte, daß er Mitarbeiter einer deutschen Dienststelle ist. Ich entnahm daraus, daß er von der Exekution verschont bleiben wollte. Die Bürger sahen ja, daß die Soldaten Aufstellung genommen hatten und daß jetzt etwas Schreckliches passieren werde. Darauf bin ich nochmal zum Bataillonskommandeur Diekmann gegangen, der in der Nähe war. Ich sagte ihm das und bekam eine kurze und schroffe Antwort: ›Das geht nicht mehr. Der Mann hat zuviel gesehen. Nun machen Sie schon, daß die Sache erledigt wird.‹«

Aber wenn der SS-Untersturmführer Barth glaubte, daß die Leute aus Oradour von der bevorstehenden Ermordung wußten, täuschte er sich auch nach 39 Jahren noch. Die meisten konnten es nicht glauben, daß die deutschen SS-Leute zu solch einer Tat fähig seien.

Zum Beispiel der Bauer Clement Broussaudier aus dem Nachbarort Veyrac. Das war der Mann, der gleichzeitig mit Jean-Marcel Darthout zum Friseur gegangen war. Aber während der eine von seiner Frau nach Hause gerufen worden war, als die Panzerspähwagen kamen, blieb Broussaudier dort vor dem Café du Chêne.

Er hat kurze Zeit nach dem Massaker vor der französischen Polizei eine ausführliche Aussage gemacht: »Am Sonnabend, den 10. Juni 1944, ging ich nach dem Mittagessen zum Friseur in Oradour, wo ich kurz vor zwei Uhr ankam. Der Friseurladen war noch geschlossen. Bis er wieder öffnete, setzte ich mich auf eine Bank unter der großen Eiche am Rande der Straße. Gegen zwei Uhr ging ich in den Friseurladen. Die Pendeluhr zeigte 13 Uhr 58. Ich weiß, daß diese Uhr immer nach dem Radio genau gestellt wurde.

Schon bald danach fuhr eine Kolonne schwerer Lastwagen heran. Jeder von ihnen transportierte ungefähr 20 bis 25 Soldaten. Dahinter fuhren zwei oder drei mit Maschinengewehren bestückte Kettenfahrzeuge. Auch auf denen befanden sich Mannschaften. Alle waren bewaffnet. Sie hatten entweder Karabiner, leichte Maschinengewehre oder Maschinenpistolen mit sich. Sie richteten ihre Waffen auf die Gebäude längs der Straße. Die Fahrzeug waren aus der Richtung Limoges gekommen und durchfuhren den Ort.

Während der Durchfahrt dieser Fahrzeuge hatten sich die Bewohner von Oradour ins Innere ihrer Häuser zurückgezogen. Danach kamen einige jedoch wieder heraus und gingen ihrer Beschäftigung nach.

Die Deutschen trugen Tarnanzüge. Ihr schießbereites Verhalten hatte meiner Meinung nach eine starke Wirkung auf die Leute. Etwas später, als der Friseurgehilfe mir die Haare schnitt, sah ich durch das Fenster des Salons mehrere andere Fahrzeuge heranfahren, auf denen ebenfalls deutsche Soldaten saßen. Ich konnte diese Lastwagen nicht zählen. Als die Fahrzeuge im oberen Teil des Dorfes angekommen waren, hörte ich ganz deutlich mehrere einzelne Schüsse.

Einige Augenblicke später kamen die Lastwagen wieder zurück. Ich bin nicht aufgestanden, um zu sehen, was los war. Der Friseurgehilfe fuhr fort, mir die Haare zu schneiden.

Ich muß noch erwähnen, daß der Friseur Morliéras beim Eintreffen der Deutschen in den Ort gegangen war, um seinen Tabak einzukaufen. Daher wurden mir die Haare von seinem Gehilfen Joseph geschnitten. Das war ein Flüchtling, ein Evakuierter aus Straßburg.

Nach der Durchfahrt der Lastwagen sahen wir plötzlich, daß Leute aus Oradour, die im unteren Teil des Ortes wohnten, auf der Straße in Richtung Ortsmitte gingen. Es waren ganze Gruppen. Wir wußten nicht, was da vor sich ging. Wir dachten an Durchsuchungen.

Mit einem Male stand ein Deutscher vor dem Fenster des Friseursalons und richtete seine Maschinenpistole auf uns. Damit hielt er uns im Innern des Ladens in Schach. Inzwischen kam ein zweiter Deutscher ins Geschäft herein, packte mich an der Schulter und zog mich aus dem Friseurstuhl hoch. Gleich danach folgte ihm der erste mit der Maschinenpistole. Als wir in den Flur gekommen waren, wollte ich den beiden Deutschen verständlich machen, daß ich mein Fahrrad im Innern des Hauses abstellen

Der Marktplatz von Oradour (»Champ de Foire«) mit dem Auto des Weinhändlers Texereau. Rechts die Apotheke, daneben die »Patisserie Compain«.

wollte. Aber da faßte mich einer der beiden Deutschen wieder am Arm und stieß mich mit den Worten ›Raus, raus!‹ auf die Straße hinaus.

Als ich sah, daß die deutschen Soldaten viele Personen in den oberen Teil des Dorfes führten, folgte ich ihnen gemeinsam mit Joseph, dem Friseurgehilfen. So kamen wir auf dem Champ de Foire an, dem Marktplatz.

In diesem Augenblick lief der Ausrufer durchs Dorf und forderte alle Bewohner auf, sich auf dem Marktplatz zu versammeln.

Ich sah aufeinmal, daß ganz am westlichen Ausgang des Dorfes blau-weiße Leuchtpatronen abgeschossen wurden. Ich stellte zwei solcher Abschüsse fest. Die Menschen kamen aus allen Richtungen gelaufen.

Etwa zwanzig Soldaten, so viele waren es mindestens, lagen hinter ihren automatischen Waffen und bewachten den Marktplatz. Wir konnten nicht verstehen, was da vor sich ging. Ich hatte den Gedanken: Die Deutschen wollen einen Einsatz gegen den Maquis unternehmen und bringen vorher die Dorfbevölkerung in Sicherheit. Ich wußte allerdings, daß es in Oradour weder einen Maquis noch eine bewaffnete Truppe der Widerstandsbewegung gab.

In der Umgebung hörte man einzelne Schüsse. Die Schützenpanzer fuhren im Dorf auf und ab. Ein Kettenfahrzeug, das durch die Felder fuhr, brachte von Zeit zu Zeit Bauern, die auf den Feldern bei der Arbeit gewesen waren.

Innerhalb einer knappen Stunde waren auch die Schulkinder mit ihren Lehrern und Lehrerinnen auf dem Marktplatz angekommen. Madame Binet, die sehr krank war, brachte man im Schlafanzug. Sie hatte sich einen Mantel übergezogen. Ihr Mann, der Lehrer Jean Binet, und sie, die Lehrerin Andree Binet, fanden sich dort auf dem Markt wieder.

Nach einiger Zeit trennten die Deutschen uns, die Männer, von den anderen Bewohnern. Frauen und kleine Kinder, Mädchen und die Jungen unter fünfzehn Jahren mußten sich auf die eine Seite stellen. Wir standen auf der anderen. Auf Befehl der Deutschen mußten wir in Dreierreihen antreten.

Der Bürgermeister hielt sich auch schon auf dem Marktplatz auf, als ich dort ankam. Ich sah aufeinmal, daß er sich mit einem Militär höheren Ranges, der zwei Sterne auf seinen Schulterklappen trug, unterhielt. Neben dem Offizier stand ein Dolmetscher. Ich war aber zu weit von ihnen entfernt, um verstehen zu können, was sie besprachen.

Dann gaben die Deutschen den Befehl, die Frauen und Kinder sollten zur Kirche abmarschieren. Uns befahlen sie, unsere Gesichter zu den Hauswänden zu drehen. Aber sie konnten nicht verhindern, daß einige Frauen und Kinder zu ihren Männern und Vätern liefen, um sich vor der Trennung noch einmal zu umarmen. Einige Frauen brachen auf dem Trottoir zusammen. Eine davon war eine Evakuierte aus Lothringen. Ihren Namen kannte ich nicht.

Nachdem die Frauen und Kinder abmarschiert waren, mußten wir uns wieder umdrehen und wurden gefragt, ob jemand Waffen besitze. Einige antworteten, daß sie Sechs-Millimeter-Karabiner hatten, Jagdgewehre. Der Dolmetscher übersetzte dies, aber das interessierte den Offizier überhaupt nicht. Dann erklärte uns der Dolmetscher, daß es in Oradour ein Waffenlager gebe und daß zu dessen Entdeckung Nachforschungen und Hausdurchsuchungen durchgeführt werden müßten. Darauf gingen einzelne Gruppen der Deutschen in verschiedenen Richtungen davon.

Zu diesem Zeitpunkt erlaubten uns die deutschen Soldaten, uns hinzusetzen. Sie hielten weiter ihre automatischen Waffen auf uns gerichtet.

Nach einer halben Stunde ungefähr kamen die Deutschen zurück und ließen uns wieder in Dreierreihen antreten. Sie zählten uns. Ich weiß nicht, wie viele wir waren. Darauf wurden wir in Gruppen von 40 bis 60 Personen abgeführt und dabei von den deutschen Soldaten streng bewacht. Alle Bewegungen führten die Deutschen mit äußerster Disziplin und Korrektheit durch, streng militärisch.

Wenn beim Abmarsch der Gruppe einer von uns nicht schnell genug mitlief, dann zögerten sie auch nicht, ihn mit Kolbenschlägen und mit Tritten in die Beine vorwärts zu stoßen.

Meine Gruppe, zu der etwa 60 Männer gehörten, wurden in die Scheune von Laudy gebracht, die an der Straße zum Friedhof liegt. Sechs deutsche Soldaten bewachten uns. Als wir an der Scheune angekommen waren, mußten wir zuerst die darin stehenden Wagen und Pflüge herausräumen. Dann mußten wir hineingehen, und sie stellten sich vor der Scheune auf. Sorgfältig kehrten sie mit einem Besen die Stelle sauber, an der sie sich vor ihre Maschinengewehre legten. Sie hatten zwei.

So blieben wir eine halbe Stunde zusammen. Wir unterhielten uns über das, was sie wohl mit uns vorhatten. Ich dachte keinen Augenblick daran, daß man uns in wenigen Minuten erschießen wollte.«

Aber dann begannen die SS-Leute wirklich zu schießen . . .

»Ich habe befohlen: Gruppe feuern!«

Dann kam das Signal. Es war ein einzelner Pistolenschuß, den der Kompaniechef Kahn auf dem Marktplatz abgab.

Barth erinnert sich genau daran: »Kompaniechef Kahn gab mir den Befehl, mit meiner Gruppe die französischen Bürger in der Scheune zu erschießen. Die Torflügel der Scheune standen weit offen. Die Männer darin waren sehr erregt, sehr aufgeregt. Es muß so um die sechzehnte Stunde gewesen sein, also vier Uhr nachmittags.«

Der Gerichtsvorsitzende fragt Barth, ob er über den Erschießungsbefehl erschrocken gewesen sei.

Barth: »Erschrocken nicht, weil mir doch bekannt war, wie der Befehl bei der Befehlsausgabe in Saint Junien gelautet hatte, den der Bataillonskommandeur ausgegeben hatte, daß alle Einwohner dieser Ortschaft Oradour zu erschießen seien. Es sollte gleichzeitig an allen Stellen geschossen werden, weil ja auch an anderen Stellen Erschießungen stattfinden sollten.

Ich ging also wieder zu der Scheune. Da waren keine Fenster und keine Türen drin. Die Einfahrt war ein großes Tor mit Flügeltüren. Die SS-Männer hielten sich auf der Straße vor dem Tor auf. Die Waffen waren im Anschlag. Sie waren entsichert. In meinem Objekt kam es auch nicht zu einem Fluchtversuch.

Dann kam das Signal, der Pistolenschuß, und dann habe ich befohlen: ›Gruppe, feuern!‹ Ich selbst habe mit meiner Maschinenpistole zwei Feuerstöße abgegeben. Darauf schossen alle, die in der Gruppe waren, auf diese französischen Bürger. Die SS-Leute waren von meinem Befehl nicht überrascht, sie waren ja darauf vorbereitet. Es haben alle geschossen. Ich selbst habe etwa 12 bis 15 Schuß abgegeben. Also, etwa eine halbe bis eine Minute wurde geschossen. Es fällt mir natürlich sehr schwer, darüber zu sprechen. Aber ich muß ja was sagen. Also, die Menschen sackten zusammen. Es wurde da eben mit leichten Maschinengewehren aus der Hüfte oder aus der Stellung geschossen. Da wurden auch mehrere Feuerstöße aus diesem MG 42, das wir damals hatten, auf diese Menschen abgegeben. Ich war der Meinung, daß durch diesen massiven Feuerbeschuß keiner mehr am

Leben war. Die Feuerkraft war so gewaltig, daß ich annehmen mußte, da hat keiner überlebt. Die Menschen klappten einfach so zusammen. Ich habe kein Röcheln, keine menschlichen Laute gehört. Dann wurden die Scheunentore erst mal verschlossen. Ich bekam dann den Befehl, die Grundstücke einzuäschern, also auch die Scheune mit den Erschossenen. Ich wußte das ja auch schon aus der Befehlsausgabe, daß die Grundstücke alle niedergebrannt werden sollten. Und mir war auch klar, daß die Menschen mitverbrannt werden sollten. Das geschah so, daß zuerst die Gebäude in Brand gesteckt wurden, in denen die Getöteten waren. Dann die umliegenden. Auch diesen Befehl hatte ich von meinem Kompaniechef Kahn bekommen, und den Befehl habe ich an meinen Gruppenführer weitergegeben. Der hat das dann seinen Männern befohlen. Also, es wurde Brennmaterial herangeholt, Stroh und Holz, aus den Gehöften. Das wurde auf die Toten gehäuft. Und mit diesem Brennmaterial wurden gleichzeitig auch die anderen Häuser in Brand gesetzt. Da alle Männer mit anfaßten, brauchten wir dafür nur zehn Minuten bis eine Viertelstunde. Also, das Brennmaterial wurde reingeschmissen auf die da drinliegenden Menschen, wurde zerstreut, Stroh und Heu wurden hinaufgeworfen, und dann wurde es angesteckt. Ich konnte dann die Rauchentwicklung feststellen. Damit war der Befehl durchgeführt.«

Unter den Leichen leben noch Menschen

Barth irrte. Trotz der gewaltigen Feuerkraft waren nicht alle tot. Wir wissen nicht, wie es an den fünf übrigen Erschießungsstätten war, ob dort Menschen die Erschießung überlebt hatten und erst durch das Feuer getötet wurden. Nur aus der einen Scheune, der Scheune Laudy, gibt es Überlebende, die auch dem Feuer entkamen. Robert Hébras zum Beispiel: »Überall wurde geschossen. Im ganzen Ort. Im Norden und im Süden, überall hörte man Salven. Ich hatte nur Streifschüsse abbekommen. Eine Kugel saß im Bein, eine andere hatte das Handgelenk gestreift. Ich lag unter all den anderen. In dieser Situation habe ich gehört, wie im Dorf ein Lautsprecher mit voller Lautstärke Schlager spielte. Dann sind die Deutschen auf den Leichenhaufen gestiegen und haben alle erschossen, die sich noch bewegten. Aber als sie weggingen, hörte man Stimmen, die ganz leise sprachen. Da war ein alter Herr, der schon am ersten Weltkrieg teilgenommen hatte. Der flüsterte: ›Sie haben mir das Bein zerschossen.‹ Es gab auch einige Sterbende. Dann sind die Deutschen wieder gekommen und haben alles, was in der Scheune lag, auf uns geworfen. Stroh, Heu, Holz. Sie haben uns damit bedeckt und dann alles angezündet.«

Auch Jean-Marcel Darthout hatte das Glück, als einer der ersten umzufallen und unter all den Leichen zu liegen: »Man schoß sehr tief auf uns, denn die Schützen lagen am Boden. Ich wurde an verschiedenen Stellen bei der ersten Salve in die Beine getroffen. Als ich lag, wurde ich noch mehrmals von Schüssen getroffen. Als das Schießen vorbei war, gab es noch eine ganze Reihe Menschen, die am Leben waren. Aber es wurde immer stiller. Ein Deutscher ist mir auf die Schulter gestiegen und hat auf einen Kameraden angelegt, der auf mir lag. Er war tot, und ich bin dort liegengeblieben, ohne mich zu rühren. Dann sind sie weggegangen. In der großen Stille, die dann eintrat, haben wir ganz leise miteinander geflüstert. Wir haben angefangen, die Überlebenden zu zählen. Erst nach einer Viertelstunde kamen die Deutschen wieder und haben das Ganze in Brand gesteckt. Ich hatte einen guten Kameraden, der lag neben mir, und er sagte: ›Meine beiden Beine sind zerschossen.‹ Er ist dann bei lebendigem Leibe verbrannt. Ein anderer, der auch in diesem Leichenhaufen lag, sagte uns nach der zweiten Salve, daß nun auch sein zweites Bein zerschossen sei. Auch er ist dort lebendig verbrannt.«

Clement Broussaudier hatte sich bei den ersten Schüssen sofort flach auf den Boden geworfen. So blieb er unverletzt: »Das war wie ein Wunder. Als sich niemand mehr rührte, wurde die Schießerei eingestellt. Die Deutschen stiegen mit ihren Stiefeln auf unsere Körper und erledigten diejenigen, die noch atmeten, aus nächster Nähe. Mir stiegen sie auf die Füße. Ich habe nicht reagiert. Danach bedeckten uns die Deutschen mit Stroh und Reisig, das sie in der Scheune fanden. So ließen sie uns eine Zeitlang liegen. Von der anderen Straßenseite her hörte man einen Lautsprecher, über den wohl Instruktionen an die Truppe durchgegeben wurden. Gleich danach hörte man Deutsche, die laut miteinander sprachen. Aber ich habe nichts verstanden. Sie haben das Vieh in den benachbarten Ställen losgebunden. Dann steckten sie den Strohhaufen an, der auf uns lag. Als mich das Feuer erreichte, bin ich mit vier anderen Kameraden durch die Flammen hindurch ins Freie gestürzt.«

Es waren nicht fünf, die überlebt hatten und nach draußen gelangten. Es waren sechs. Aber der eine, der sechste, war zu früh hinausgelaufen. Es war der Garagist Pierre-Henri Poutaraud, bei dem Robert Hébras die ersten Mechanikerhandgriffe gelernt hatte. An dessen Zapfsäule er die ersten Liter Benzin verkauft hatte. Poutaraud lief zwischen den brennenden Häusern hindurch über den Marktplatz Richtung Friedhof. An einem Zaun stellten ihn die Wachen, die Barth dort aufgestellt hatte. Sie schossen ihm in den Kopf. Und so, zusammengebrochen am Zaun, mit zerschossenem Kopf, wurde er am nächsten Tag gefunden und fotografiert.

Die fünf anderen laufen aus der Scheune hinaus. Sehen sich im Qualm der brennenden Häuser um: Kein SS-Mann ist in der Nähe. Robert Hébras sagt später, er habe sich immer wieder gewundert, daß er noch lebe: »Mein linker Arm und meine Haare hatten schon gebrannt. Es war ein furchtbarer Schmerz, deshalb mußte ich aus der Scheune hinaus. Am Tor stand niemand mehr. Trotz des Qualmes fand ich den Weg zwischen den Häusern, denn hier hatte ich als Kind gespielt. Wir kamen an eine Mauer. Da ging es nicht mehr weiter. Wir haben ein Loch hineingebrochen, einer von uns war Maurer. Dann haben wir uns in der Scheune dahinter versteckt. Da kamen zwei SS-Leute herein. Einer stieg auf eine Leiter und hat das Stroh dort mit Streichhölzern angesteckt. Das erste Streichholz war ihm abgebrochen. Das konnte ich ganz aus der Nähe sehen, denn ich lag unter einem Reisighaufen in seiner Reichweite. Er nahm ein zweites, und das Stroh begann zu brennen. Dann haben die beiden ihre Waffen durchgeladen und auf das Dach gefeuert. Das war Brandmunition, und das Dach begann sofort zu brennen. Als die Scheune brannte, sind sie in den Stall nebenan gegangen und haben das Vieh losgemacht und hinausgetrieben. Wir sind dann aus dieser brennenden Scheune in die nächste gekrochen. Es gelang uns aber nicht, aus dem Ort hinauszukommen. Wir haben uns dort in Kaninchenställen verborgen. Auch die begannen schließlich zu brennen. Ungefähr um sieben Uhr abends haben wir uns hinausgewagt und haben den Platz überquert, nachdem wir uns ausgerechnet hatten, wann die Posten wieder vorbeikommen werden. Ich bin dann weitergelaufen Richtung Friedhof und von dort in die Felder. Sie haben mich nicht entdeckt. Von dort sah ich, daß alle Häuser in Flammen standen. Ganz Oradour brannte.«

Auch Jean-Marcel Darthout konnte auf diesem Wege aus dem brennenden Dorf entkommen. Humpelnd mit seinen zerschossenen Beinen. Hinter einem Haus in der Nähe des Marktplatzes hing Wäsche auf der Leine. Dort riß er ein paar Handtücher herunter und verband sich damit die blutenden Wunden. Und schließlich gelangte er, wie Robert Hébras, ins offene Feld.

Clement Broussaudier, der Bauer, hatte nicht geglaubt, daß sie lebend aus dem Dorf hinauskommen: »Ich erwartete, beim Hinauslaufen erschossen zu werden. Aber wir stießen auf keinen deutschen Soldaten. Ungefähr zweieinhalb Stunden blieben wir dann in den Kaninchenställen versteckt. Mit mir war Yvon Roby, der durch ein Geschoß am Ellenbogen verletzt war. Es konnte inzwischen etwa 19 Uhr 45 geworden sein, da rannten wir, so schnell wir konnten, über den Marktplatz, ohne beschossen zu werden. Allerdings wurden in unserer Nähe zwei Feuerstöße aus einer Maschinenpistole abgegeben. Wir sahen niemanden. Ganz Oradour stand in Flammen. Wir flüchteten über die Felder. Im Nachbarort trafen wir dann wieder mit Robert Hébras und Mathieu Borie zusammen, der auch hatte flüchten können. Jean-Marcel Darthout, dem vier Geschosse in den Beinen steckten, hielt sich zu diesem Zeitpunkt in einem Gebüsch in der Nähe versteckt. Wir haben ihn erst über eineinhalb Monate später wiedergesehen.«

Ein Kind flieht vor dem Feind

Ganz in der Nähe versteckt liegt auch der siebenjährige Roger Godfrin. Seine Mutter hatte ihm eingeprägt: »Wenn die Boches kommen, rettet Euch und versteckt Euch im Walde hinter dem Friedhof!« Bis dahin hatte er es nicht geschafft, aber er liegt nun wenigstens vor dem Friedhof. Er hat nur noch einen Holzschuh, den anderen hat er beim Rennen verloren. »Der Stacheldraht hat mir die Haut zerrissen. Bei der Berührung mit den Brombeerranken tut mir alles weh. Mein Oberkörper ist mit Blut bedeckt. Ich bin müde. Ich weine, weil mir alles so weh tut und auch, weil ich allein bin.

Die Stille wird durch eine Salve in der Ferne unterbrochen. Weil ich mich etwas beruhigt habe, vergesse ich, mich zu verstekken. Ich gehe los, steige die Böschung hinunter. Die beiden Baumreihen längs des Weges wirken so auf mich, als sei ich in einem Tunnel. Ich werde nach Les Bordes gehen. Die Leute dort kennen mich. Ich werde sie um Hilfe bitten. Sie sollen mich zu meinem Vater und zu Mama zurückbringen. Und sie sollen mir etwas zu trinken geben, meine Kehle ist so trocken.

An die vielen Schüsse habe ich mich inzwischen gewöhnt. Dann dringe ich einige Meter in das Gebüsch hinein, werfe mich dort auf die Erde. Ein sonderbares Geräusch, als ob in meiner Nähe etwas raschelt. Das ist bestimmt kein Deutscher. Er würde mehr Lärm machen. Ein kleiner Hund, schwarz und mit einem weißen kleinen Schwanz wedelnd, kommt zu mir. Er zittert. Ich verlasse mein Versteck und gehe weiter an der Hecke entlang. Komm, Boby! An der Rückwand eines kleinen Werkzeugschuppens lege ich mich hin. Boby kommt, legt seinen Kopf an meinen. Ein Geräusch. Das Raupenkettenfahrzeug! Hinten sitzen Soldaten drauf. Boby, sie suchen uns! Ich renne los. Halt, halt! schreien sie. Ein Feuerstoß. Wieder: Halt, halt! Ich renne in einen Busch hinein, durch die Hecke. Kugeln pfeifen. Bäume stehen vor mir. Das ist das Ufer der Glane. Ich falle ins Wasser. Zum Glück ist es nicht tief hier, und es ist nicht breit. Auf der anderen Seite klettere ich mit einem Schwung hoch. Ich verstecke mich hinter einer großen Eiche. Am anderen Ufer der Glane höre ich

Der einzige überlebende Schüler von Oradour: Roger Godfrin. Er wurde vom Staatspräsidenten Charles de Gaulle mit dem Lothringerkreuz geehrt.

meine Verfolger. Sie reden laut miteinander. Sie können mich hinter der großen Eiche nicht sehen. Werden sie über den Fluß kommen? Zehn Sekunden lang nichts. Dreißig Sekunden. Zwei Minuten. Fünf. Zehn. Die Glane hat mir das Leben gerettet. Aber wo ist Boby geblieben?

Mühsam stehe ich auf und rufe ihn leise. Boby? Komm, mein kleiner Boby! Am gegenüberliegenden Ufer sehe ich eine kleine Kugel. Boby? Boby, warst Du das, den sie mit den letzten Schüssen umgebracht haben? Da falle ich auf einmal weinend auf den Boden: Boby.

Ich weiß gar nicht, wie lange ich dort liegengeblieben bin. Ich war am Baum eingeschlafen. Wach werde ich davon, daß eine Hand auf meiner Schulter liegt. Es ist ein Mann in Arbeitskleidung: ›Sag mal, Du bist doch der Lothringer, der Sohn von dem Mann, der beim Bäcker Thomas arbeitet?‹

›Ja, Monsieur‹, sage ich ihm.

Er fragt mich, ob ich der kleine Godfrin bin, der sonnabends immer ins Schloß kommt, um den weißen Käse zu holen. Er sagt mir, ich soll mit ihm kommen aufs Schloß zur Madame la Vicomtesse. ›Ich bin der Straßenwärter, ich kenne Deinen Papa sehr gut. Hab keine Angst. Hier sind keine Deutschen.‹

Ich versuche, mit ihm zu gehen. Aber dann nimmt er mich auf seine Arme. Wir gehen zusammen in Richtung auf das Schloß Laplaud.

Vor dem ersten Hof, an dem wir vorbeikommen, stehen die Menschen draußen. Die Frauen weinen, weil Oradour in Flammen steht. Ein Mann steht bei ihnen, ein Lothringer, den ich gut kenne. Ich drehe mich zum erstenmal um und sehe Oradour in Flammen. Der Ort ist in dicken schwarzen Qualm gehüllt. Rotes Feuer schlägt bis in den Himmel.

Die Frauen fragen mich, wo die anderen Kinder aus unserer Schule geblieben sind. ›Ich bin die Mutter von Bernadette. Wo ist sie? Warst Du mit ihr zusammen?‹

Ich erzähle ihr, daß ich weggelaufen bin, als die Deutschen kamen.

›Wäre sie doch nur mit Dir gegangen‹, sagt die Frau.

Ihr Mann kommt vom Schloß herunter. Hört uns zu, dann steigt er auf sein Fahrrad. ›Jules‹, ruft die Frau, ›wohin willst Du?‹

›Ich will Bernadette suchen‹, antwortet er.

Die Leute wollen ihn zurückhalten. Es geht nicht. Er fährt auf der großen Allee unter den Bäumen entlang zur Nationalstraße, und bald kann man ihn nicht mehr sehen. Er ist nie zurückgekommen.[1]

Dann bringen sie mich in eins der Häuser. Als erstes bekomme ich ein großes Glas kalter Milch. Am Abend gehe ich mit all den Bewohnern des Dorfes Laplaud in den Wald. Wir verstecken uns. Aber wir sind gerettet.«

1 Der Schmied Jules Renaudin, 42 Jahre alt, aus Montoy-Flanville in Lothringen, wurde in Oradour erschossen. Seine Tochter Bernadette, 7 Jahre alt, geboren in Metz, verbrannte in der Kirche.

Ein Vater findet sein totes Kind

Gerettet waren sie nun. Der kleine Roger Godfrin in Laplaud. Die vier Überlebenden aus der Scheune Laudy im Nachbardorf Veyrac. Der fünfte, Jean-Marcel Darthout, lag noch in seinem Versteck in der Nähe des Friedhofes. Gerettet waren sie, aber von den Frauen und den Kindern wußten sie nichts. Und überall in den Häusern ringsum warteten die Menschen auf die Kinder, die am Morgen nach Oradour zur Schule gegangen waren, und sie wußten auch nichts.

Robert Hébras ging zu seiner älteren Schwester Odette. Die war in Veyrac verheiratet. Am Abend kam plötzlich der Vater. Jean Hébras, Chefelektriker der Straßenbahn. Pensioniert. Am frühen Morgen des 10. Juni war er von Oradour aufgebrochen,

In der Kirche fand der Bauer Hyvernaud seinen siebenjährigen Jungen Camille und küßte den verbrannten Körper, Marcel wurde nicht identifiziert.

um bei Bauern in Saint Victurnien auf den Feldern bei der Ernte zu helfen. Dafür bekam er Lebensmittel. Er hatte die Deutschen dort vorbeifahren sehen auf ihrem Weg von Saint Junien nach Oradour.

Als er heimkehren wollte, begann Oradour zu brennen. Er hörte die Schüsse. Er hörte sogar die Schreie aus der brennenden Kirche, in der seine Frau und seine beiden Töchter in dieser Stunde starben. Bauern hielten ihn zurück, nach Oradour hineinzugehen. Es wäre sein Tod gewesen. So war er nach Veyrac geschlichen zu seiner Tochter, findet dort seinen notdürftig verbundenen Sohn, hört von den Erschießungen. Jetzt begreifen sie alle, daß in Oradour niemand mehr am Leben ist.

Der erste, der ganz genau erfährt, was geschehen ist, das ist der Bauer Hyvernaud aus dem kleinen Weiler Mazenty. Er sucht seine beiden Kinder Marcel und Camille. Während noch die SS-Soldaten im Dorf herumlaufen und vor dem Haus des Stoffhändlers Dupic Stoffballen auf einen Panzerspähwagen geladen werden, geht er durch das brennende Dorf. Keiner entdeckt ihn. Er kommt in die Kirche, deren Reste noch qualmen. Dort sieht er die verbrannten Leiber. Sieht die Kinderwagenreste. Sieht die vielen kleinen Leichname der Schüler. Und dann findet er unter diesen unkenntlichen Toten wirklich seinen siebenjährigen Sohn Camille. »Er lag auf der Seite und war halb verkohlt. Trotzdem küßte ich ihn auf die Wangen. Es war mein Junge. Er hatte noch einen Holzschuh an. Ich suchte nach meinem zweiten Jungen. Ich kniete nieder und blickte in die erstarrten Kindergesichter, eines nach dem anderen, ob nur irgend etwas zu erkennen war. Aber ich fand meinen großen Jungen nicht. Dann ging ich nach Hause. Am Abend gruben wir in unserem Garten ein Grab für Camille.«

Noch etwas hat der Bauer Hyvernaud gesehen auf der Suche nach seinem zweiten Jungen, dem dreizehnjährigen Marcel: Vor dem Hauptaltar liegt die junge Lehrerin Denise Bardet in einer Gruppe ihrer Schulkinder, die ihr am Morgen das Geburtstagslied gesungen haben.

Wie das alles geschehen ist in der Kirche, das erfahren die Einwohner von Oradour erst am nächsten Nachmittag. In einem Erbsenbeet vor dem Pfarrhaus finden sie eine schwerverletzte Frau, die Bäuerin Marguerite Rouffanche. Man trägt sie zur Straße. Dort wird sie auf einen Leiterwagen gelegt, von zwei Ochsen gezogen. Der bringt sie nach Laplaud. Die Einwohner sind inzwischen aus dem Wald zurückgekommen. Sie haben zwei Männer nach Oradour ausgeschickt als Kundschafter. Die sind zurückgekommen mit todernsten Gesichtern.

»Habt Ihr denn niemanden getroffen?« werden sie gefragt.

Der eine, Henri, kann seinen Blick nicht heben: »Nein«, antwortet er, »niemand.« Die Frauen weinen. Die Männer auch.

Roger Godfrin sagt zu dem Mann, der in Oradour war: »Meine Mutter sucht mich sicher überall, seitdem.«

Der Mann wendet sich dem Siebenjährigen zu, will ihn trösten: »Wir werden Deine Mutter finden, mein Kleiner, wir werden sie sicher finden.«

Später schreibt Roger auf, was dann geschehen ist.

»Vier Männer erscheinen. Einer schiebt eine Schubkarre. Darauf liegt Madame Rouffanche. Ihre Kleider sind von Erde und von Blut verschmutzt. Alles, was man von ihrer Haut erkennen kann, ist eine schwarze Kruste. Doktor Gaudois, der seit einiger Zeit Gast bei der Vicomtesse ist, wird vom Schloß Laplaud geholt. Er beugt sich über die Frau, um sie verstehen zu können. Madame Rouffanche hebt unter großer Anstrengung ihren Kopf etwas hoch. Dann sagt sie: ›In der Kirche sind alle Frauen und Kinder verbrannt.‹

Doktor Gaudois bittet ein paar Männer um Hilfe, um sie nach drinnen ins Haus zu bringen. Jemand zieht mich fort. Ich soll das nicht mehr sehen. Am nächsten Tag wird Madame Rouffanche auf einem Wagen heimlich durchs Unterholz nach Limoges ins Krankenhaus gebracht.

Ich hatte nun begriffen, daß ich meinen Vater, meine Mutter, meine drei Schwestern und meinen Bruder niemals wiedersehen werde. Man bittet Doktor Gaudois, mich zu untersuchen, weil man bei mir einen Nervenzusammenbruch befürchtet. Aber der Arzt sagt: ›Sie brauchen keine Angst zu haben. Er ist ganz in Ordnung.‹

Sie sperren mich in die Küche ein, damit ich nicht nach Oradour laufe. Erst viel, viel später überfällt mich die große Verzweiflung.«

Während Dr. Gaudois der 46jährigen Madame Rouffanche die Kleider vom Leib schneidet und fünf Einschüsse feststellt, beginnt die Frau zu reden. Nun erfahren sie, was in der Kirche geschehen ist. Man macht später ein Protokoll: »Ich wurde am 19. Dezember 1897 in Limoges geboren. Mit meiner Familie bewirtschaftete ich als Pächter seit mehreren Jahren ein kleines

Anwesen in Oradour. Dort wohnte ich mit meinem Mann Simon und meinen drei Kindern. Mein Sohn Jean war noch nicht 24 Jahre alt. Meine Tochter Amélie war verheiratet und hatte ein sieben Monate altes Kind, Guy. Meine zweite Tochter Andrée war 18. Sie sind alle bei dem Massaker umgekommen, ausgenommen mein Schwiegersohn André Peyroux, 25 Jahre alt, der sich als Installateur an diesem Tage nicht in Oradour aufhielt und so sein Leben rettete. Wir wohnten auf dem Hof, der Ferme de l'Etang genannt wird, am Wege zwischen der Glane-Brücke und dem Dorf, ungefähr dreihundert Meter hinter dieser Brücke.

Es war kurz nach zwei Uhr, als wir von den Deutschen überrascht wurden. Fünf Lastwagen kamen aus der Richtung Saint Victurnien. Sie fuhren bis zum oberen Teil des Dorfes. Auf den Wagen saßen viele Deutsche in Tarnuniform. Sie trugen Helme und waren bewaffnet. Ihre Waffen hielten sie in alle Richtungen. Nach kurzer Zeit kamen zwei Wagen zurück. Wir fragten uns, was dieses Hin und Her bedeuten sollte. Sie stellten ihre Fahrzeuge am Rande der Straße östlich von Oradour ab.

Nach einiger Zeit kamen drei Deutsche in Richtung auf unseren Hof. Sie waren mit Maschinenpistolen bewaffnet und konnten ungefähr dreißig Jahre alt sein. Sie holten uns aus dem Haus und riefen: ›Raus! Alle zum Markt!‹ Wir gingen so, wie wir waren, alle zusammen. Dabei wurden wir von diesen Deutschen eskortiert. Mit dem Baby waren wir sechs Personen. Auf dem Wege trafen wir auf die Nachbarfamilien. Allein die Familie Lamaud war mit neun Personen dabei.

Auf unserem Wege zum oberen Teil des Dorfes sahen wir überall Deutsche. Sie schrien den Menschen brutal zu: ›Raus, raus!‹ und trieben sie aus ihren Häusern. Die Leute waren alle sehr verstört. Alle gingen zum Markt. Ich habe dabei auch gesehen, wie die Deutschen Türen und Fenster einschlugen. Ob sie jemanden geschlagen oder herumgestoßen haben, weiß ich nicht. Die meisten Leute waren ja sehr bemüht, blind zu gehorchen.

Auf dem Markt standen alle, auch die Kleinstkinder und die drei Pfarrer. Wir fragten uns, ob die Deutschen Geiseln nehmen wollten oder ob einige von uns ins Konzentrationslager gebracht werden sollten. Von dem, was danach passierte, konnte man sich keine Vorstellung machen.

Nach einer Stunde wurden wir Frauen und Kinder von unseren Männern getrennt. Dabei spielten sich herzzerreißende Sze-

Marguerite Rouffanche, einzige Überlebende des Massakers in der Kirche.

nen ab. Die Deutschen konnten nicht verhindern, daß wir unsere Lieben umarmten. Auf dem Weg zur Kirche eskortierten uns die Deutschen auf beiden Seiten.

Eineinhalb Stunden blieben wir voller Angst in der Kirche und warteten auf das Schicksal, das man uns bereitete. Es wurde kaum gesprochen. Ich hatte meine beiden Töchter und den sieben Monate alten Guy bei mir. Neben mir schlief meine fünfjährige kleine Nichte ein.

Mir ist nicht in Erinnerung, irgendwelche Geräusche von draußen gehört zu haben, abgesehen von denen der Deutschen, die von Zeit zu Zeit hereinkamen, um nachzusehen, was im Innern der Kirche passierte. Alle Türen waren geschlossen. Im Innern gab es keine Bewachung.

Das ganze Kirchenschiff war voller Menschen. Ich war ungefähr in der Mitte, und so konnte ich nicht gut erkennen, was sich am Eingang abspielte. Nach eineinhalb Stunden öffneten die Deutschen die Tür. Zwei bewaffnete Deutsche trieben die Frauen und Kinder auseinander, um zwischen ihnen hindurchgehen zu können. Sie stellten eine etwa 80 Zentimeter lange Kiste vor dem Altar am Ende des Kirchenschiffes auf. Die Kiste schien schwer zu sein, denn sie wurde von zwei Männern getragen. Aus ihr hingen weiße Schnüre heraus. Kurz danach gingen die Deutschen wieder hinaus, ohne ein Wort gesagt zu haben. Einige Augenblicke später ging von der Kiste eine kleine Explosion aus. Schwarzer, beißender und stechender Rauch kam heraus, der die ganze Kirche durchzog. Die Menschen bekamen Erstickungsanfälle. Frauen und Kinder begannen zu weinen und zu schreien. Alle versuchten, irgendwo Schutz zu finden.

Unter uns waren alle Schulkinder, auch die dreizehn- und vierzehnjährigen Jungen. Ich flüchtete mit meinen zwei Töchtern und dem Enkelkind in die Sakristei. Da begannen die Deutschen, Feuerstöße in die Fenster der Sakristei abzugeben. Meine jüngste Tochter Andrée wurde neben mir durch Kugeln getötet, die ihre Halsschlagader durchschlagen hatten. Sie verblutete. Ich habe mich flach auf den Fußboden gelegt.

Da erschienen Deutsche in der Kirchentür und feuerten mit Maschinengewehren in die Menge. Die Getroffenen schrien laut auf. Ich war nicht getroffen worden. Ich rührte mich nicht von der Stelle. Nach den Feuerstößen drangen die Deutschen in die Kirche ein. Sie türmten einen Holzstoß auf und warfen mitgebrachtes Stroh und Reisig und die Bänke und Stühle der

Kirche darauf. Dann zündeten sie dies alles an. Sofort schlugen die Flammen hoch. Als ich die Flammen sah, lief ich aus der Sakristei und versuchte, hinter dem heiligen Altar Schutz zu finden. Ich nahm den Gebetsschemel, der beim Gottesdienst verwendet wird, und stieg darauf, um das Fenster zu erreichen, und zwar das linke. Von dort aus sprang ich hinunter. Ich fiel auf meine Beine und hatte mich trotz der Höhe nicht verletzt.

Von da aus flüchtete ich sofort in das Erbsenbeet des nahegelegenen Gartens. Vorher gab es noch etwas anderes: Hinter mir erschien Madame Joyeux am Fenster und wollte mir ihr sieben Monate altes Baby reichen. Ich konnte es aber nicht fassen. Dann wurde geschossen, und in diesem Moment scheint Madame Joyeux getötet worden zu sein.«

Tatsächlich ist Henriette Joyeux, geborene Hyvernaud, 22 Jahre alt, von den Schüssen der SS-Posten unter der Kastanie getroffen worden. Sie fiel zurück in die brennende Kirche. Auch ihr kleiner Junge René, sechs Monate und 17 Tage alt, wurde dabei ermordet. Ihre beiden Leichen gehören zu den wenigen, die später identifiziert werden konnten.

»Als ich mich in das Erbsenbeet fallen ließ, wurde ich mit einem Maschinengewehr beschossen. Fünf Kugeln trafen mich an den Beinen und an der Schulter. Das Schulterblatt wurde mir zerschmettert.

Ich war zwischen die Stangen des Erbsenbeetes gefallen. Dort blieb ich liegen bis zum Sonntag, den 11. Juni, 16 bis 17 Uhr. Ich hörte die Deutschen im Ort, die ganze Nacht hindurch. Gegen Morgen wurde es still. Am Sonntagnachmittag hörte ich in der Nähe Menschen sprechen. Ich rief um Hilfe. Bauern brachten mich ins Schloß von Laplaud.«

Das Protokoll wurde vom französischen Vernehmungsrichter am 13. November 1944 aufgenommen, fünf Monate nach der Tat. Marguerite Rouffanche konnte ihr rechtes Bein nicht bewegen, ihren rechten Arm nicht gebrauchen. Sie mußte ein Jahr lang im Krankenhaus von Limoges bleiben.

Ein verbrannter Kinderwagen vor dem Altar der Kirche von Oradour. Durch das mittlere Fenster konnte Marguerite Rouffanche ins Freie gelangen.

Wer hat Madame Joyeux erschossen?

Sie wußten nun in den Dörfern ringsherum, daß in Oradour niemand mehr lebte. Aber sie wußten nicht, wer den Mord begangen hatte. Es dauerte lange, ehe die Mörder ermittelt waren. Heute weiß man sogar Einzelheiten darüber, welche Täter an welchem Ort geschossen haben und wer die Befehle dazu gab. An der Kirche, als Madame Joyeux aus dem Fenster fliehen und Marguerite Rouffanche folgen wollte, da war es ein Trupp, den der SS-Untersturmführer Barth dort postiert hatte. Vielleicht war er sogar selbst bei diesen Schüssen dabei, obwohl er es nicht zugibt:

»Ich habe Schulkinder gesehen, die von SS-Männern zum Marktplatz geführt wurden, von meiner Gruppe. Der Befehl war eindeutig. Er hieß: Alle Einwohner zum Markt. Das galt auch für die Kinder. Die wurden dann zur Kirche gebracht . . . Nachdem die Erschießungen durchgeführt waren, wurde dann vom Kompaniechef Kahn der Befehl erteilt, daß die Häuser niederzubrennen sind und ebenfalls die Garagen mit den dort erschossenen Leuten. Es wurde Brennmaterial reingeworfen und angezündet. Dann ging ich zur Kirche. Die Kirche lag ja am Eingang des Dorfes, und nach meinen Erinnerungen war es eine große Kirche. Es war eine Kirche mit mehreren Fenstern. Wenn ich mich recht erinnere, waren es dem Baustil nach gotische Fenster, weil sie Spitzbogen hatten. In meinem Heimatort steht auch so eine Kirche mit gotischem Baustil. Von der Straßenseite habe ich sehen können, daß sie mindestens drei große gotische Fenster hatte. Ich nahm an, daß eventuell 150 oder 200 Personen dort als Messebesucher Platz finden würden. Ich hatte einen Zugtrupp zur äußeren Absperrung an der Kirche eingesetzt. Nun wollte ich kontrollieren, wo meine Männer sind. Da habe ich gesehen, an der Straße vor der Kirche standen Bäume, und einige meiner Zugtruppleute standen dort. Dabei habe ich festgestellt, daß die Kirche brannte. Irgendwie muß ich gehört haben, daß in der Kirche Frauen und Kinder untergebracht sein sollen. Aber ich kann mich heute nicht mehr erinnern, wer mir das gesagt hat. Es ging um die weitere Befehlsausführung, also um festzustellen, ob mein Zug dort seine Aufgabe wahrnahm. Der Trupp hatte den Auftrag bekommen, aufzupassen, daß keine Fluchtgefahr aus der Kirche bestand. Ich habe dann von der Straße aus festgestellt, daß dort noch Schreie zu hören waren. Die Fenster waren hell. Daraus mußte ich schließen, daß die Kirche brannte. Das war so zwischen vier und fünf Uhr.«

Schreie? fragt der Richter. Was für Schreie? Ob Barth das schildern kann?

Barth: »Das war mehr so Wimmern. Ich hörte auch einzelne Schüsse. Wahrscheinlich waren noch nicht alle richtig tot. Meine Männer standen hinter den Bäumen und paßten auf, daß keine Fluchtversuche stattfanden.«

Der Richter: Versuchten denn Menschen zu fliehen?

Barth: »Wahrgenommen habe ich das nicht. Aber ich habe Schüsse gehört... Das war eben der Befehl, der von der obersten Führung herausgegeben worden war, daß eben alle Einwohner als Abschreckung eben zu vernichten sind. Das wurde eben gedankenlos, ohne nachzudenken, durchgeführt.«

Richter: Gab es denn für Ihre Vorstellung von Befehlserfüllung gar keine Barriere?

Barth: »Meine Befehlserfüllung war eben, daß ich die Befehle, die ich bekommen habe, weiterzugeben habe und daß ich die auszuführen habe.«

Richter: Ohne jede Barriere?

Barth: »Ich war der Meinung, wenn diese große Abschreckung bekannt wird, daß dann Ruhe herrscht und daß dann keine Untaten mehr an Deutschen durchgeführt werden, die da in Frankreich stationiert waren.«

Richter: Haben Sie geschossen an der Kirche?

Barth: »Ich habe nicht geschossen.«

Richter: Wußten Sie, wie viele Menschen sich in der Kirche aufhielten?

Barth: »Nein, das wußte ich nicht.«

Richter: Haben Sie danach gefragt?

Barth: »Danach habe ich nicht gefragt.«

Richter: War das ohne Belang?

Barth: »Als die Handlung abgeschlossen war, wie soll ich mich da ausdrücken, ging man gewissermaßen zur Tagesordnung über, wie man heute so sagt.«

Doch bevor Barth zur Tagesordnung überging, ging er noch in eines der Häuser hinein, gegenüber der Kirche.

Barth: »Da waren Kästen aufgezogen. Es wurde alles durchsucht. Da war auch eine Geldkassette, eine Kasse. Da waren Francs-Scheine drin. Die habe ich verteilt. Ich selbst habe mir auch einige Francs-Scheine genommen. Das müssen drei oder fünf gewesen sein. Ich habe gedacht, da die Häuser sowieso in Brand gesteckt werden, wäre doch das Geld auch verbrannt. Das wäre schade gewesen. Ich wollte das Geld einfach, um mir später mal was kaufen zu können.«

Richter: Hätten Sie das gleiche, was Sie für das Geld empfanden, nicht auch für die Kinder empfinden können?

Es ist still in dem Gerichtssaal. Man kann die Menschen atmen hören. Keiner sagt etwas.

Richter: Ich will Ihnen die Antwort ersparen.

Oben wird ein Mädchen umgebracht

Die Kasse hat in der Epicerie Mercier gestanden, dem Kolonialwarenladen gegenüber der Kirche. Unten im Keller sitzen seit drei Stunden die beiden Brüder Beaubreuil. Sie hören die Deutschen ins Haus einbrechen. Sie hören, wie die Einwohner weggetrieben werden zum Marktplatz, auch ihre Tante und ihr Onkel, Jeanne und René Mercier. Sie hören die vielen, vielen Schritte der Menschen am Haus vorbei.

Danach bleibt es dann lange still in der Dunkelheit des Kellers. Maurice Beaubreuil sagt in Berlin vor Gericht, 1983: »Nach ungefähr einer Dreiviertelstunde haben wir wieder viele Schritte am Haus vorbeigehen hören. Ich nehme an, das waren die Kinder und die Frauen, die zur Kirche geführt wurden. Die Kirche lag ja direkt gegenüber unserem Haus. In diesem Augenblick haben wir gehört, wie ein junges Mädchen in die Eingangstür des Ladens gestürzt kam und rief: ›Madame Mercier, Madame Mercier!‹ Es war ein Mädchen, das bei meiner Tante wohnte. Ich kannte die Stimme. Sie wollte in den Keller, wo wir saßen. Aber dann hat ein Soldat sie vorher erreicht und hat geschossen. Und eine Frauenstimme rief: ›Meine arme Kleine!‹ Man hat ihre Leiche dort später gefunden.

Dann war es wieder eine ganze Zeit still. Danach haben wir Geräusche gehört, als ob jemand sägt. Und dann wurde gehämmert. Dann hörte man die Schüsse aus der Richtung der Kirche. Mein Bruder hatte eine Uhr bei sich. Es war zwischen 15 Uhr 30 und 16 Uhr, als diese Erschießungen in der Kirche stattfanden. Bald danach kamen wieder Schritte ins Haus. Stiefel. Dieses Geräusch ging dann zum Ausgang. Nach einiger Zeit gab es größeren Lärm, das Feuer brach aus. Ich werde nie die Schreie vergessen, die ich in dieser Zeit aus der Kirche gehört habe.

Das Feuer breitete sich dann im Haus so schnell aus, daß wir hinaus mußten. Wir sind durch den Qualm gelaufen, durch den Garten in Richtung auf die Kirche. Während dieser Zeit hörten wir immer noch diese schrecklichen Schreie aus der Kirche. Wir haben dann auch gesehen, wie Qualm und Feuer aus dem Kirchturm kamen. Auf einmal ist das Dach des Kirchturms auseinander geflogen, nach rechts und nach links. Dadurch entwickelte sich das Feuer in der Kirche so stark wie ein Sturm. Man sah, daß sich das Gerüst des Turmes drehte und dann umkippte. Der Turm stürzte in die Kirche hinein. Das war nun wie ein offener Schornstein, aus dem die Flammen schlugen. Das war so gegen 17 Uhr. Wir haben einen Wachtposten gesehen mit Gewehr dort unter der großen Kastanie. Dann haben wir uns in einem Abwassergraben versteckt. Das war am Rande der Felder an einer Hecke. Wir sahen, daß auf jeder Seite der Hecke ein Soldat mit einer umgehängten Maschinenpistole entlang kam. Sie suchten die Hecke ab, ob sich dort jemand versteckt hatte. Gegen zwei Uhr morgens sind wir aus Oradour hinausgelaufen. Meine ganze Familie ist getötet worden. Mein Onkel, meine Tante, das junge Mädchen dort aus dem Haus, eine alte Tante meines Vetters.«

Martial Machefer findet einen gelähmten Mann

Während all dieser Stunden steckt Martial Machefer in seinem Gebüsch. Sieht alles, hört alles, ist totenstill. Um halb sechs am Abend geht er ins Zentrum von Oradour zurück.

Martial Machefer, 1983 in Berlin vor Gericht: »Ich habe auf den Straßen einige Frauen getroffen, die nach ihren Kindern suchten. Ich habe ihnen gesagt, nachdem ich gerade einen Toten auf dem Bürgersteig hatte liegen sehen, sie müßten sofort wieder verschwinden, dürften nicht bleiben. Es sei viel zu gefährlich. Im letzten Haus habe ich dann einen Mann gesehen, der seit Jahren gelähmt war und der nicht aus seinem Haus herauskommen konnte. Er lag auf seinem eisernen Bett und war tot. Unter dem Bett kam Qualm hervor.«

Es war der 76jährige Rentner Pierre Giroux. Er lag in seinem Haus in der Hauptstraße Rue Emile Desourteaux im oberen Teil des Dorfes. Es ist genau das Haus, das Barth beschrieben hat, als er seinen Zugtruppführer angewiesen hat, »im oberen Teil des Dorfes eine ältere bettlägerige Person« zu erschießen.

Martial Machefer: »Am nächsten Morgen bin ich dann in das Dorf zurückgekehrt. In der Kirche habe ich die Leichen der Frauen und Kinder verkohlt liegen sehen... Ich habe an diesem Tage meine Frau verloren, zwei Kinder, meine beiden Schwiegereltern, viele andere Angehörige... Ich möchte dem Gericht danken, und danken möchte ich den Behörden, die einen der Henker von Oradour festgenommen haben.«

Ein jüdisches Mädchen im roten Mantel geht durch Oradour

In all dem Tod gibt es überall noch Leben, das die SS-Leute nicht gefunden hatten. Der Freund von Robert Hébras, Martial Brissaud, 17 Jahre alt, Stellmacher, versteckt sich auf dem Kornboden seines Elternhauses. Später, als alles brennt, kann er durch den Garten entkommen. Ein anderer, Paul Doutre, 21 Jahre alt, verkriecht sich hinter den Vorhängen der Wohnung und wird nicht entdeckt. Als das Haus angezündet wird, läuft er durch den Garten. Da finden ihn zwei SS-Leute und befehlen ihm, wieder ins Haus zurückzugehen. Sie stellen sich als Posten vor das brennende Haus. Er aber kann entkommen und sich in einem Gebüsch verbergen. Das Haus stürzt ein. Einer der Soldaten sagt: »Kaputt!« und dann gehen sie weg.

Warum sie ihn nicht erschossen? Wollten sie die Kugel sparen? Wollten sie nicht selbst schießen müssen? Wollten sie das dem Feuer überlassen?

Das ganze Dorf Oradour brennt. Zu töten gibt es niemanden mehr. Die Wachtposten stellen ihre Gewehre zusammen. Hauptsturmführer Kahn geht durch die Straßen und verteilt Weinflaschen. Am Ortsausgang hört man aus dem Haus des Textilhändlers Pierre Dupic, dem einzigen, das die SS-Leute nicht angezündet haben, lautes Singen. Sie haben einen großen Vorrat Champagnerflaschen gefunden. Sie laden Stoffballen auf einen Lastwagen. Ein junges Mädchen, Françoise Senon, die zu Mittag aus dem Dorf hinauslaufen und sich auf einem Hof oberhalb von Oradour verstecken konnte, während fünfzehn ihrer Angehörigen sterben, sieht folgendes: »Am Abend schaute ich auf das brennende Dorf hinab. Man konnte deutlich sehen, wie sich die SS-Leute in den Gärten und zwischen den Scheunen lagerten. Zwischen diesen Scheunen mit den ermordeten, verkohlten Menschen tranken und brüllten sie, als ob sie ein Fest oder einen großen Sieg feierten.«

Der Untersturmführer Heinz Barth und seine Leute ruhen sich zu dieser Zeit auf einer Wiese oberhalb des Friedhofs aus. Sie essen dort ihre Marschverpflegung. Und dann kommt der Zahlmeister. An jedem Zehnten im Monat kommt der Zahlmeister. Warum sollte er nicht nach Oradour kommen? Es muß alles seine Ordnung haben.

Ein Satz, ein Gesetz, das über dem ganzen Leben des Heinz Barth steht. Noch 43 Jahre später, als er schon längst lebenslanger Gefangener im Gefängnis von Brandenburg ist, sagt er: »Ohne Ordnung wird nischt.« Er meint die Ordnung im Gefängnis. Er meint auch die Unterordnung unter die Befehle von oben, damit alles seine Ordnung hat.

Hat es denn an diesem schrecklichen 10. Juni 1944 gar keine Menschen unter den Soldaten gegeben, die Oradour überfielen? Gar keine, die sich nicht an die Ordnung des Mordens gehalten haben?

Einige hat es gegeben. Sie haben drei Kinder nicht getötet, die sie hätten töten müssen. Es waren drei Juden.

Juden gab es nicht unter den Einwohnern von Oradour. Aber es gab jüdische Flüchtlinge, die hier Sicherheit suchten. Robert Pinède hatte in Bayonne eine kleine Gerberei. Aber Bayonne lag in der von den Deutschen besetzten Zone Frankreichs, und dort wurde Jagd auf Juden gemacht. Deshalb fragte Robert Pinède

Jacqueline Pinède hatte sich mit Schwester und Bruder hier verborgen.

Geschäftsfreunde in Saint Junien, Lederwarenhersteller, ob sie ihn und seine Familie dort in der unbesetzten Zone verstecken könnten. Sie besorgten ihm eine Wohnung in Oradour.

So zog Robert Pinède, der damals 44 Jahre alt war und aus Oloron-Sainte-Marie stammte, mit seiner 39jährigen Frau Carmen Silva aus Bilbao, mit seiner 63jährigen Mutter Gabrielle Pinède, geborene Delvaille, und mit seinen drei Kindern Jacqueline, 19, Francine, 17, und dem 9jährigen mongoloiden André nach Oradour. Sie hatten eine winzige Wohnung in der Rue Emile Desourteaux, gleich neben dem Hotel Avril. Die Kinder mußten sie in einem Haus gegenüber unterbringen, die Mutter im Hotel Avril. Direkt daneben wohnte Robert Hébras, der mit der fast gleichaltrigen Jacqueline Bekanntschaft schloß.

Jacqueline erzählt: »Als die SS kam, sagte unser Vater, wir sollten uns unter der Gartentreppe verstecken. Da war ein kleiner Verschlag für die Geräte. Dort sollten wir ganz still warten. Wir hörten mit an, wie Vater und Mutter aus dem Haus geholt wurden. Danach hörten wir immer wieder Schritte von SS-Leuten, die von der Straße her ins Haus hineingingen und wieder hinaus. Wir hörten das Schießen. Und dann, nach langer Zeit, hörte ich etwas brennen. Ich sah aus der kleinen Tür hinaus: Es war ein großer Holzstoß neben unserem Haus, der brannte, und die elektrischen Leitungen zu unserem Haus fingen auch an zu brennen. Da sind wir aus dem Verschlag hinausgekrochen und hinter den Häusern entlanggelaufen. Wir fielen natürlich auf. Francine hatte einen langen knallroten Mantel an. Auf einmal standen wir vor drei SS-Leuten. Ich fragte sie: Wo sollen wir hingehen? Aber die verstanden uns nicht. Sie starrten auf uns. Und schließlich zeigten sie in eine Richtung und riefen uns zu: ›Raus!‹ Wir liefen alle drei los, in Richtung auf den Friedhof. Es war halb sieben abends. Während wir liefen, fiel mir auf: Sie töteten die Menschen, aber sie retteten das Vieh. Auf dem Weg zum Friedhof liefen alle Kühe durcheinander, und davor hatten wir Angst.

Ich glaube, die drei SS-Leute haben uns absichtlich laufen lassen. Sie wollten uns nicht töten. Aber fünf Minuten später ist an derselben Stelle auf dem Weg zum Friedhof Monsieur Poutaraud erschossen worden, ein Vater von fünf Kindern. Wir sind weggelaufen, kilometerweit, ohne zu wissen, wohin. Wir sind immer nur geradeaus gelaufen. Schließlich kamen wir in einem Ort an, den wir nicht kannten. Da stand ein sehr großes Haus, das sah aus wie ein Schloß. Die Leute dort waren in Panik. Sie packten gerade alle Wertsachen ein, um zu fliehen. Sie gaben den Dienstboten die Anweisung, uns eine Suppe zu geben. Und während wir die Suppe aßen, kam plötzlich Robert Hébras an. Er war ganz verbrannt im Gesicht. Er hatte zwei Schüsse im Arm. Ich habe ihm eine Kugel herausgeholt. Und etwas später kam dann der Vater von Robert Hébras. Er war von Tränen überströmt und sagte zu uns: ›Sie sind alle tot.‹«

Zehn Tage vor dem Brand von Oradour: das Wohnhaus von Familie Pinède.

Zehn Tage nach dem Brand von Oradour: das Wohnhaus der Familie Pinède.

Zweimal kommt die Straßenbahn aus Limoges

Oradour war schon von der SS besetzt, da kam die Straßenbahn aus Oradour. Es war eine technische Versuchsfahrt. Ein reparierter Wagen sollte erprobt werden. Darin saßen einige Techniker, am Lenkstand der Fahrer, Marcelin Chalard. Als er über die Glane-Brücke fuhr, beschossen ihn die SS-Leute und töteten ihn mit einem Feuerstoß. Sie holten die Leiche heraus und warfen sie in den Fluß. Dann befahlen sie den anderen, wieder nach Limoges zurückzufahren.

Die berichteten vom Mord an ihrem Kollegen Chalard, und trotzdem beschloß man bei der Straßenbahn-Gesellschaft, nachmittags wieder einen Wagen nach Oradour zu schicken.

Gegen halb sieben kam die Bahn. Unterwegs stellte ein Junge, Hippolyte Senon, sein Rad quer auf die Schienen. Dann warnte er den Fahrer: »Fahr nicht weiter. Die Deutschen sind in Oradour. Sie brennen alles nieder.«

Aber der Straßenbahnfahrer war auf seine Weise gewissenhaft. Er mußte den Fahrplan einhalten und fuhr weiter, bis er von deutschen Posten angehalten wurde. Alle Passagiere, die in Oradour wohnten, wurden auf die Seite geführt, um erschossen zu werden. Die anderen sollten in der Straßenbahn bleiben, um nach Limoges zurückgeschickt zu werden.

Camille Senon hatte bei der Post in Limoges gearbeitet und kam zurück: »An der Brücke über die Glane war eine Kontrolle. SS-Posten hielten den Wagen an. Es waren elsässische SS-Leute, sie sprachen französisch. Wir wurden gefragt, wer aus Oradour ist. Geistesgegenwärtig holte ich meine Arbeitskarte von der Post heraus und sagte, ich wohne in Limoges. Wir mußten uns auf eine Seite stellen, die Einwohner von Oradour auf die andere. Wir begriffen sofort, die sollten erschossen werden. Einer der SS-Männer sagte zu uns: ›Ganz Oradour brennt. Da drin lebt keiner mehr.‹ Ich habe später erfahren, wie dieser Soldat hieß: Jean-Pierre Elsaesser. Er wurde in Bordeaux vor Gericht gestellt. Wir haben ungefähr eine Stunde dort stehen müssen, und vor unseren Augen brannte unser Dorf nieder, mit all unseren Angehörigen darin. Mein Vater war in einer der Scheunen erschossen worden. Und ich dachte, auch meine Mutter ist tot. Aber sie war zu Besuch gegangen zu ihrer Schwester ins Nachbardorf. Schließlich kam ein höherer Offizier. Später habe ich erfahren: Das war der Bataillonskommandeur Diekmann. Er war offensichtlich erstaunt, auf eine Gruppe von zwanzig lebenden Franzosen zu stoßen, und er schien unentschlossen zu sein. Schließlich befahl er uns, wir sollten weggehen. Ich wußte nicht, hat er keine Lust mehr zu töten, oder ist seine Arbeit einfach zu Ende? Wir gingen in den Nachbarort Les Bordes. Dort fragten uns die Leute, was mit den Kindern ist, die sie nach Oradour zur Schule geschickt hatten. Wir mochten ihnen nicht sagen, daß dort keiner mehr lebt, obwohl wir es ja von den SS-Leuten erfahren hatten.«

Mit in der Straßenbahn saß auch Louise Compain, die Tochter des Patissiers. Sie war zum Einkaufen in Limoges gewesen. Dort hatte sie gehört, daß der Fahrer der Straßenbahn erschossen worden sei und daß Oradour brenne.

»Aber das war nur ein Gerücht. Je näher wir an Oradour kamen, um so mehr wurde das Gerücht zur Wahrheit. Wir haben von der Straßenbahn aus gesehen, daß ganz Oradour brannte.

Die Straßenbahn von Limoges in der engen Hauptstraße von Oradour.

Vor unseren Augen haben die Deutschen hier am Ortseingang ein kleines Haus angezündet. Die SS-Leute sind in die Bahn hineingekommen und haben gesagt, alle Leute aus Oradour sollen aussteigen. Die anderen sollen nach Limoges zurückfahren. Ich habe gesagt, ich bin nicht aus Oradour, und sie haben mir geglaubt. Danach mußten auch wir aussteigen. Vier Deutsche haben uns herausgeholt. Wir mußten über eine Wiese gehen, zur Glane hinunter und auf einem Baumstamm über die Glane zum anderen Ufer. Dort mußten wir an einer Hecke warten. Sie haben dann davon gesprochen, uns zu töten. Sie begannen, ein großes Loch zu graben. Aber sie warteten noch auf den höheren Offizier. Das Ganze dauerte stundenlang, von halb sieben am Abend bis nach zehn Uhr. Dann kam dieser Kommandant und sagte uns, wir können weggehen. Wir sind frei. Wir sollten sagen, man habe uns eine Chance gegeben.

Meine ganze Familie ist in Oradour gestorben. Mein Vater wurde in einer Scheune erschossen. Meine Mutter ist in der Kirche verbrannt. Sie hieß Marie Compain, geborene Buisson, und sie war 39 Jahre alt. Mein Vater hatte gerade seinen 44. Geburtstag gefeiert. Drei Tage nach dem Brand bin ich wieder nach Oradour hineingegangen. Es war so traurig. Ich fand eine kleine Katze, aber sie ließ sich nicht anfassen. Ich habe einfach gesucht, ob ich noch etwas von unserer Familie finde. Gefunden habe ich nur eine Brosche meiner Mutter. Ich bin nach Limoges gegangen, um Arbeit zu suchen, aber später bin ich in das neue Oradour zurückgekehrt und habe zusammen mit meinem Onkel ein kleines Café geführt.«

Dieses Café existiert auch heute noch, mitten im neuen Ort: »Patisserie Confiserie Maurice Gauthier - Eis und Andenken«.

Unter den Passagieren der Straßenbahn war auch ein besonders hübsches junges Mädchen. Die elsässischen SS-Leute gaben ihr, als die ganze Gruppe freigelassen wurde, ein Fahrrad, damit sie schneller nach Hause fahren könne. Sie waren sehr galant.

Die Mörder ziehen davon

Der Abend kommt. Von allen Orten in der Nähe sieht man das brennende Oradour. Der Postmeister von Mortemart wartet auf die abendliche Straßenbahn. Sie kommt nicht. Er nimmt sein Fahrrad, fährt hinauf in die Blond-Berge nach Peyrelade und fragt den Bauern Josephe Dugraindelorge, ob man von dort aus Oradour sehen kann. Sie gehen zu einem Platz, der Bellevue genannt wird, schöne Aussicht. Da sehen sie im Tal die hohen Qualmwolken von Oradour aufsteigen und den roten Feuerschein. »Wir wußten nicht, daß Oradour vom Feinde angezündet war«, erinnert sich der Bauer.

Der Feind rüstet zum Aufbruch. Er hat gegessen und getrunken. Es war ein hartes Stück Arbeit. Doch vor dem Abrücken mußte diese Arbeit noch den richtigen Namen bekommen.

Robert Hébras zeigt in den Ruinen seines Elternhauses was übrigblieb: »Dies war mein Bett. Dies war die Nähmaschine meiner unglücklichen Mutter.«

Heinz Barth berichtet darüber: »Gegen 20 Uhr hat uns dann der Bataillonskommandeur zu sich befohlen. Er hat sinngemäß erklärt, daß über diese Aktion Stillschweigen zu bewahren sei. Wenn doch darüber gesprochen werden sollte, müßten wir erklären, es habe in diesem Dorf Widerstand gegeben. Daß dort gekämpft wurde und daß im Verlaufe dieses Kampfes eben die Einwohner getötet wurden und der Brand ausgebrochen war. Das sollten wir unseren Gruppenführern entsprechend mitteilen.«

Barth wird vom Gerichtsvorsitzenden gefragt, ob denn irgendeiner der Offiziere Bedenken angemeldet habe. Sie hätten doch alle gewußt, daß dies nicht wahr sei.

Barth: »Nein. Alle haben das zur Kenntnis genommen. Es hat keiner dagegen opponiert. Sie haben das so hingenommen. Ich habe dann meine Gruppenführer davon verständigt, und die haben dann die Mannschaftsdienstgrade davon unterrichtet.«

Der Vorsitzende fragt noch einmal nach, ob Barth und die anderen sich darüber im klaren gewesen seien, daß dies eine Fälschung war.

Barth: »Eigentlich müßte sich ja jeder darüber im klaren gewesen sein.«

Ob er selbst, Barth, gewußt habe, daß diese Behauptung nicht stimmte.

Barth: »Ja, das wußte ich. Trotzdem habe ich das so hingenommen.«

Er habe sich also nicht erst bei den anderen erkundigen müssen, ob vielleicht in den anderen Teilen des Ortes Munition gefunden worden sei, ob Häuser in die Luft geflogen seien, ob man Partisanen gefunden habe?

Barth: »Das war ja nicht so. Es wurde ja keine Munition gefunden. Es waren ja auch keine Partisanen da. Es wurden ja auch keine Häuser in die Luft gesprengt, weil sie voll Munition steckten. Ich war ja selber mit in der Ortschaft eingesetzt. Ich war ja selber mit daran beteiligt.«

Ob er und die anderen sich an diesen Schweigebefehl gehalten hätten?

Barth: »Ich habe mich an den Befehl des Bataillonskommandeurs gehalten, daß über diese Angelegenheit eben nicht zu sprechen ist ... Und ich war der Meinung, daß darüber keiner etwas sagen würde ... Ich wäre auch überrascht gewesen, wenn man mich damals disziplinarisch zur Verantwortung gezogen hätte, weil ich doch nur befehlsgemäß die Dinge ausgeführt habe, die mir von meinen Vorgesetzten aufgegeben worden sind und die ich dann weitergegeben habe.«

Ob er in Oradour einen getöteten deutschen Soldaten gesehen habe?

Barth: »Ich habe während meines Marsches Richtung Oradour weder links noch rechts der Straße, die ja mindestens 12 bis 15 Kilometer lang war, einen Toten gesehen. Auch keine umgeworfenen oder zerschossenen Wagen. Das war eben eine ganz normale Straße. Und in Oradour habe ich auch keinen einzigen toten Soldaten gesehen. Ich habe auch keinerlei Anzeichen von der Widerstandsbewegung gesehen. Wer kann es besser wissen als ich? Ich war ja selbst dabei. Ich habe nicht feststellen können, daß irgendwo in Oradour Munition oder Sprengstoff gefunden wurde, die darauf hätten schließen lassen können, daß Oradour ein Widerstandsort gewesen wäre.«

Wenn man mit Widerstandskämpfern gerechnet hatte, wäre es dann militärisch gerechtfertigt gewesen, mit offenen Wagen durch Oradour zu fahren?

Barth: »Das wäre nicht gerechtfertigt gewesen. Wenn man in einem Ort mit Widerstand rechnet, muß man dafür sorgen, daß solche Fahrzeuge gesichert und wohlbehalten an ihren Ausgangsort zurückkommen.«

Der Gerichtsvorsitzende zieht noch einmal den Schluß: So wurde also schon am Abend des 10. Juni 1944 von der SS dafür gesorgt, daß um Oradour eine Legende gewoben wurde. Die Legende vom Widerstandsort, der bekämpft werden mußte.

Nach dieser Befehlsausgabe ziehen die Truppen ab. Als erste die Gruppe Barth. Später die anderen, nachdem sie noch einige Leichen aufgesammelt und ins Feuer geworfen haben. Der blutige Marsch der SS-Division »Das Reich« durch Frankreich geht weiter. In Nieul, dem Nachbarort von Orador, sehen die Einwohner SS-Wagen durchfahren, vollbehängt mit Enten, Kaninchen, Hühnern. Auf anderen Wagen liegen Stoffballen. Sie stammen aus dem kleinen Laden des Textilhändlers Pierre Dupic. Sein Haus wurde als letztes in Brand gesteckt.

Es war nichts Außergewöhnliches

Am Morgen des 11. Juni 1944 diktiert der Kommandeur des SS-Panzergrenadier-Regiments 4 »Der Führer«, der Standartenführer Stadler, in seinem Regiments-Gefechtsstand seinen Tagesbefehl für den 10./11. Juni 1944:

»I. / SS. ›DF‹ trat am 10. Juni 1944, 13.30 Uhr, auf ORADOUR an und umstellte den Ort. Nach Durchsuchung des Ortes wurde dieser niedergebrannt. Fast in jedem Haus war Munition gelagert. Ergebnisse: 548 Feindtote – 1 eigener Verwundeter.«

Die Zahlen sind falsch. Der eigene Schwerverwundete ist der SS-Untersturmführer Gnug, der beim Einsturz des Kirchturms von einem Stein am Kopf getroffen wurde.

Die »Feindtoten« können an diesem Tage nach dem Massenmord in Oradour noch gar nicht gezählt werden. Die verglühten Menschenkörper in der Kirche, in den Scheunen und Garagen, in manchen der abgebrannten Häuser sind so zusammengesintert, daß sie nicht zu zählen sind. Niemand weiß in dieser Zeit genau, wie viele Kinder in den drei Schulen des Dorfes waren. Wie viele Flüchtlinge sich hier aufgehalten haben. Wie viele Juden sich in den Häusern versteckten. Fast zwei Jahre später, am 28. Mai 1946, tagt in der Kreisstadt Rochechouart die Kammer eines Zivilgerichts. Nach Anhörung aller Zeugen und Einsicht in alle Dokumente stellt sie die Zahl der Toten von Oradour amtlich fest: 642. Nur 52 von ihnen konnten identifiziert werden.

Nicht nur die Zahlen der SS waren falsch. Falsch ist die Oradour-Legende, im Dorf sei Munition gefunden worden. So versucht die SS, ihren Mord in eine Kampfhandlung umzufälschen – wie es der Bataillonskommandeur befohlen hat. Bis heute halten sich die Kameraden der Mörder an diese Lüge, einige wenige ausgenommen, Barth zum Beispiel.

Am 11. Juni 1944 marschiert der SS-Untersturmführer Barth mit den Männern seines Zuges der 3. Kompanie des Panzergrenadierregiments »Der Führer« weiter nach Norden, Richtung Atlantikküste und Invasionsfront. Was er denkt, an diesem Tage nach Oradour? 39 Jahre später wiederholt er noch einmal: »Ich war der Meinung, wenn diese große Abschreckung bekannt wird, daß dann eben Ruhe herrscht und keine Untaten mehr an Deutschen, die in Frankreich stationiert waren, durchgeführt werden.«

Hat er vielleicht an die Kinder in der Kirche gedacht?

»Nein. Daran habe ich nicht gedacht. Als die Handlung abgeschlossen war, ging man gewissermaßen zur Tagesordnung über, wie man heute so sagt.... Es war ja, nach der Gesamtsituation, auch nichts Außergewöhnliches, nach meiner Sicht.«

Nichts Außergewöhnliches. Das Gewöhnliche setzt sich fort, während »Das Reich« marschiert. In Nieul steht ein 15jähriger Junge an der Straße, als die Panzerspähwagen vorbeirollen. Sie halten, er läuft weg. Die SS-Soldaten erschießen ihn. Einer von den 29 600 Zivilisten, die während der Nazibesetzung Frankreichs von Wehrmacht und SS, von Gestapo und Sicherheitsdienst getötet werden.

Sechs Menschen werden in Betchat erschossen. Drei in Salies-du-Salat. Sechs in Mazères-du-Salat. Einer in Laffitte-Toupières. Fünfundzwanzig in Bagnères-de-Bigorre. Neunzehn in Pouzac. Dreizehn in Trebons. Neun in Bonrepos. Einundfünfzig in Mussidan. Neunzehn in Mouleydier.

Die Blutspur des Generals Lammerding und seiner SS-Division »Das Reich« zieht sich vom Mittelmeer bis zur Atlantikküste.

Am 28. Juni 1944 steht der SS-Untersturmführer Heinz Barth zum erstenmal einem Feind gegenüber, der zurückschießen kann: an der Invasionsfront bei Saint Lo. Mehrere Schüsse treffen ihn. Er kommt auf den Hauptverbandsplatz. Sein rechter Oberschenkel wird amputiert. Er muß mehrere Male weiter operiert werden. Man befördert ihn vom Unter- zum Obersturmführer, transportiert ihn in die Heimat. Mitte März 1945 wird er aus dem Lazarett nach Hause in Urlaub geschickt. In SS-Uniform humpelt er mit seiner Braut durch Gransee.

Zu dieser Zeit ist Oradour längst befreit.

Überall ist Oradour

Am selben Tage, als die Division »Das Reich« Oradour mordet, am selben Tag, zur selben Stunde, mordet dreitausend Kilometer entfernt die 4. SS-Polizei-Panzergrenadier-Division das griechische Dorf Distomon. 218 Einwohner werden erschossen. Der älteste Mann war 86 Jahre alt. Das jüngste Baby war zwei Monate. Dem Ortspfarrer wurde der Kopf abgehackt. Anschließend wurde Distomon in Brand gesetzt. Im Beinhaus des kleinen Ortes in Mittelgriechenland stehen heute in Fächern - nach griechischer Totensitte - die Schädel der 218 Opfer. Kommandeur der Division war der SS-Standartenführer Walter Harzer. Dieselbe Truppe hatte zwei Monate vorher den griechischen Ort Klissura eingeäschert und vorher 215 Menschen erschossen[1].

Oradour war überall, wo die Waffen-SS, aber auch die Wehrmacht Terror übte: Der holländische Ort Putten wurde - auch wieder als angebliche »Vergeltungsaktion« - auf Befehl des Luftwaffengenerals Friedrich Christiansen am 1. Oktober 1944 niedergebrannt. Die 660 Männer kamen in das Konzentrationslager Neuengamme. 540 von ihnen wurden dort ermordet.

Der italienische Ort Marzabotto südlich von Bologna ist in derselben Zeit von der Panzeraufklärungsabteilung 16 der Panzer-Grenadier-Division »Reichsführer SS« neunzehn Tage lang Mordplatz für 1830 Menschen gewesen. Ein 92jähriger Mann wurde erschossen wie ein 20 Tage altes Kind. In der Kapelle des Ortsteiles Cerpiano wurden 21 Kinder und 35 Frauen umgebracht, die Kapelle anschließend zerstört. Den Mordbefehl gab der SS-Sturmbannführer Walter Reeder.

Die 117. Jägerdivision ermordet im griechischen Dorf Kalavrita am 13. Dezember 1943 die 511 männlichen Einwohner. Der Ort wird anschließend in Brand gesteckt. Die Täter, Wehrmachtsoldaten, lassen sich vor den qualmenden Trümmern fotografieren.

Wieviel Dörfer in der Sowjetunion ausgelöscht worden sind, wo Wehrmacht und SS am grausamsten handelten . . .? Es waren sicher tausend Oradours.

1 Welche Einstellung die Führer der 4. SS-Division zu Menschenleben hatten, geht aus der »Ereignismeldung Nr. 92 vom 23. September 1941« hervor, die den Ausbruch von Krätze im Getto des russischen Ortes Newel betrifft: »Zur Vermeidung weiterer Ansteckung wurden 640 Juden liquidiert und die Häuser niedergebrannt.«

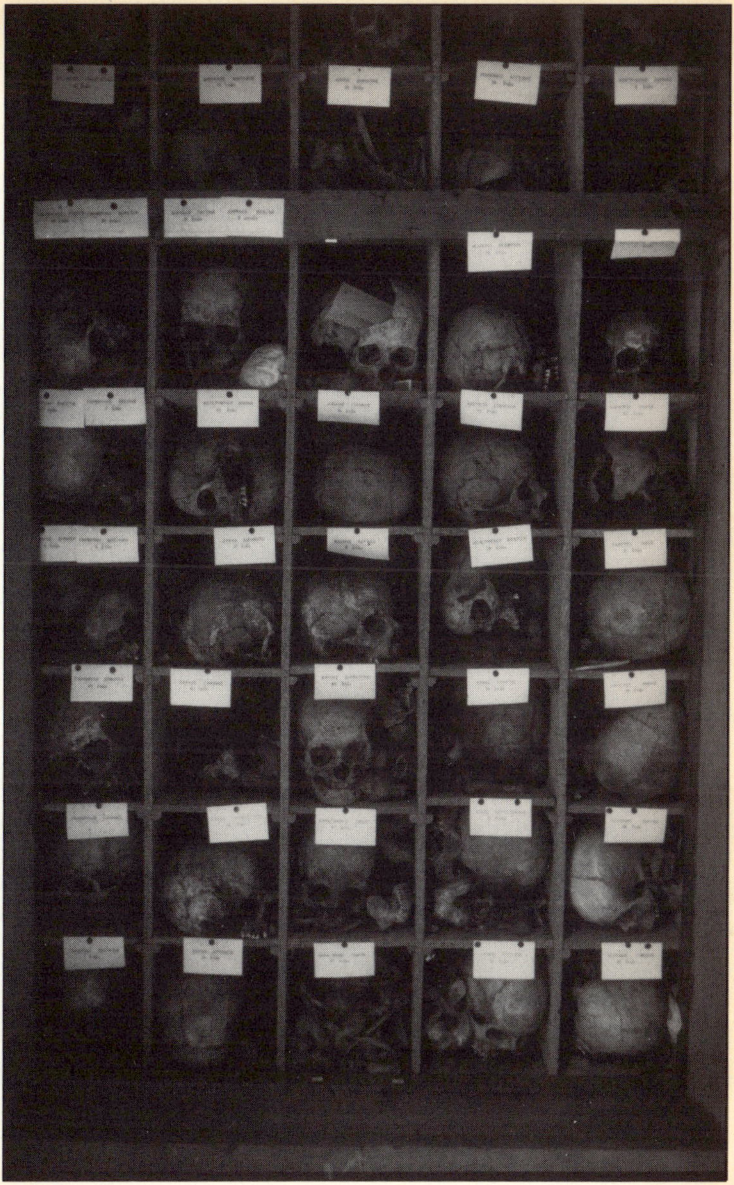

Ewiges Gedenken im Beinhaus von Distomon: einer der Schädelschreine.

Robert Hébras geht zum Maquis

»Am schlimmsten waren die Brandwunden«, erinnert sich Robert Hébras. »Der ganze linke Arm und meine Haare haben gebrannt. Es war das Feuer, das mich aus der Scheune herausgetrieben hat, nicht die Kugeln.« Bei seiner Schwester in Veyrac findet er nun ein Versteck. Er fürchtet, daß die Deutschen nach ihm suchen. Er bekommt etwas anzuziehen, denn er hatte nur noch Hose und Unterhemd. Sieben Tage versteckt er sich. Dann geht er wieder nach Oradour. Seine Schwestern Denise und Georgette sind tot. Unter den Leichen der Kirche sind sie ebensowenig zu identifizieren wie die seiner 51jährigen Mutter Marie. Zum Glück hat sein Vater überlebt.

Nun gibt es für Robert nur noch den Kampf gegen die Deutschen. Er geht in die Wälder, geht in den Maquis. Dort operieren sie ihm die Kugel aus dem Bein und versorgen seine Brandwunden. Dann bekommt er eine Waffe.

»Wir hatten einen schweren Zusammenstoß mit den Deutschen in Rivaud bei Cieux. Das ist das Nachbardorf von Oradour, sechs Kilometer entfernt. Von den 28 Mann unserer Gruppe sind zehn gefallen. Das war zwei Monate nach Oradour, am 7. August 1944. Sie sehen, meine Stunde hatte noch nicht geschlagen.«

Heute steht dort ein schlichter Obelisk: »Zum Gedenken der Kinder des Maquis von Cieux, die gestorben sind, damit Frankreich lebe. Schlacht von Rivaud. 7. August 1944.« Der älteste Kämpfer, Jean LaCroix, war 54 Jahre alt. Die jüngsten waren 20, wie Robert Hébras.

»Dann haben wir Limoges befreit. Ich ging an die Front in der Bretagne. Wir haben die Stadt Lorient erobert. Als der Krieg in Frankreich zu Ende ging, da war ich nicht in Oradour, sondern in Lorient.«

Ein deutscher General schämt sich

Als die Einwohner von Limoges das Schicksal von Oradour erfahren, ist die ganze Stadt wie gelähmt. Der Präfekt Marc Freund-Valade geht zum Feldkommandanten der deutschen Wehrmacht, einem Generalmajor Gleiniger. Er protestiert gegen das Verbrechen. Der Wehrmacht-Offizier antwortet ihm: »Das ist mehr als ein Fehler. Das ist ein Verbrechen gegen die Ehre der deutschen Armee.«

Wenn Generalmajor Gleiniger zwei Monate später noch gelebt hätte, würde er vielleicht anders über die Ehre der deutschen Armee denken. Aber er ist tot. Am 21. August 1944 schließt er mit dem Maquis von Limoges ein Kapitulationsabkommen der deutschen Truppen. Der Sicherheitsdienst seiner eigenen Truppe nimmt ihn fest. Gleiniger begeht Selbstmord.

Elf Tage nach dem Massenmord versammeln sich die Angehörigen der Toten auf dem Friedhof von Oradour. Präfekt Freund-Valade hält eine kurze Totenrede: »Franzosen! Wer, wie ich, diesen Trauerzug unaussprechlichen Schmerzes mitgemacht hat, wird an dieser geheiligten Stätte, wo die Toten ruhen, keine Haßparole ausrufen. Aber ich erlaube mir, als Vertreter des Staats- und Regierungschefs von Frankreich, die Stimme zu erheben, um von hier aus den heiligen Protest bei der Besatzungsmacht zu erneuern. Auf welche Ursachen man sich auch berufen wird, nichts kann den entsetzlichen Charakter dieses Dramas entschuldigen, gerichtet gegen die französischen Gesetze, gerichtet gegen die deutschen Gesetze. Die französische Sprache kennt kein Wort, das stark genug wäre, diesen Akt des Verbrechens zu qualifizieren, aber derjenige, der ihn angeordnet hat, hat ein Verbrechen begangen, das auch gegen sein eigenes Vaterland gerichtet ist. Wir alle sind vereinigt in dem unermeßlichen Schmerz Frankreichs.«

Heinz Lammerding, SS-Brigadeführer und General der Waffen-SS, verantwortlich für die Morde der Division »Das Reich« in Tulle und Oradour.

Die Regierung protestiert

Frankreich hat zu dieser Zeit eine Art Besatzungsregierung. Der Staatschef General Pétain residiert in dem Badeort Vichy. Er ist nur eine Marionette der Deutschen. Aber die Nachricht über Oradour ist so ungeheuerlich, daß er durch seinen Militärbeauftragten, den General Bridoux, einen Protest ausarbeiten und dem deutschen Oberbefehlshaber West überreichen läßt:

»Am Samstag, den 10. Juni, brach eine Abteilung SS, die wahrscheinlich der in der Gegend anwesenden Division ›Das Reich‹ angehörte, in den vorher gänzlich umstellten Ort ein und befahl der Bevölkerung, sich auf dem Marktplatz zu versammeln. Es wurde ihr mitgeteilt, daß einer Denunziation gemäß Sprengstoffe im Ort versteckt sein sollten und daß Haussuchungen sowie Identitätsfeststellungen vorgenommen würden.

Die Männer wurden aufgefordert, sich in vier oder fünf Gruppen aufzustellen, von denen alsdann jede in einer Scheune eingesperrt wurde. Die Frauen und Kinder wurden in die Kirche geführt und dort eingeschlossen. Es war ungefähr zwei Uhr nachmittags. Bald darauf krachten M. G.-Salven, und das ganze Dorf sowie die umliegenden Bauernhöfe wurden in Brand gesteckt. Die Häuser wurden eines nach dem andern angezündet. Bei der räumlichen Ausdehnung des Dorfes nahm diese Operation bestimmt mehrere Stunden in Anspruch.

Während dieser Zeit lebten die Frauen und die Kinder, welche den Lärm der Feuersbrunst und der M. G.-Salven hörten, in höchster Angst. Um 17.00 Uhr drangen deutsche Soldaten in die Kirche ein und stellten auf der Kommunionbank ein Erstikkungsgerät auf, das aus einer Art Kiste bestand, aus der brennende Zündschnüre hervorragten. In kurzer Zeit wurde die Luft nicht mehr atembar; jemandem gelang es jedoch, die Sakristeitüre aufzureißen, wodurch es möglich wurde, die von der Erstikkung betroffenen Frauen und Kinder wieder zu beleben. Die deutschen Soldaten begannen dann durch die Kirchenfenster zu schießen, sie drangen hierauf in die Kirche ein, um die letzten Überlebenden durch Maschinenpistolenschüsse zu erledigen, und schütteten einen leicht entzündbaren Stoff auf den Boden.

Eine einzige Frau konnte sich retten. Sie war an einem Kirchenfenster emporgeklettert, um zu fliehen, als die Rufe einer Mutter, die dieser Frau ihr Kind anvertrauen wollte, die Aufmerksamkeit eines Postens auf sie lenkte. Er gab Feuer und verletzte sie schwer. Sie konnte ihr Leben nur dadurch retten, daß sie sich tot stellte, und wurde nachher in einem Spital von Limoges gepflegt.

Gegen 18.00 Uhr hielten die deutschen Soldaten die in der Nähe vorbeifahrende Lokalbahn an und ließen die nach Oradour fahrenden Reisenden aussteigen. Sie streckten sie durch Maschinenpistolenschüsse nieder und warfen ihre Leichen in die Feuersbrunst.

Am Ende des Tages sowie am folgenden Sonntagmorgen versuchten die Einwohner der umliegenden Weiler, die durch das Feuer und wegen der Abwesenheit ihrer Kinder, die nach Oradour in die Schule gegangen waren, verängstigt waren, sich zu nähern, wurden aber von den deutschen Posten, die alle Ausgänge des Dorfes bewachten, entweder mit Maschinenpistolen beschossen oder mit Gewalt zurückgedrängt. Am Sonntagnachmittag jedoch konnten einige Personen in die Ruinen eindringen und bezeugten, daß die Kirche mit zusammengekrümmten und verkohlten Frauen- und Kinderleichen angefüllt war.

Ein absolut zuverlässiger Zeuge konnte am Eingang der Kirche den Leichnam einer Mutter sehen, die ihr Kind in den Armen hielt, sowie vor dem Altar die Leiche eines knienden Kindleins und bei dem Beichtstuhl die zweier Kinder, die sich noch umschlungen hielten.

In der Nacht vom Sonntag auf Montag kamen die deutschen Truppen zurück und versuchten, die Spuren dadurch zu verwischen, daß sie Frauen und Kinder an der Außenseite der Chornische der Kirche oberflächlich vergruben. Im Laufe des Sonntags, 11. Juni, begann die Nachricht von dem Drama sich in Limoges zu verbreiten.

Der Befehlshaber des Verbindungsstabes verweigerte abends die Ausstellung der Passierscheine, die der Regionalpräfekt für sich selbst und den stellvertretenden Präfekten erbeten hatte, um in der Gegend herumfahren zu können. Nur der Unterpräfekt von Rochechouart konnte sich nach Oradour begeben und seinem Chef am folgenden Tag berichten, daß das 85 Häuser zählende Dorf nur noch aus Ruinen bestehe und daß der größte Teil der Bevölkerung samt Frauen und Kindern umgekommen sei.

Am Dienstag, den 13. Juni, erhielt schließlich der Regionalpräfekt die Reiseerlaubnis und konnte sich in Begleitung des stellvertretenden Präfekten und des Bischofs von Limoges an Ort und Stelle begeben.

In der teilweise eingestürzten Kirche befanden sich noch verkohlte, von Kinderleichen stammende menschliche Überreste. Gebeine waren mit der Asche des Holzgetäfels vermengt. Der Boden war überstreut mit Patronenhülsen, welche die Fabrikmarke S.T.K.A.M. trugen, und die Mauern wiesen zahlreiche Kugelspuren in Manneshöhe auf.

Auf der Außenseite der Chornische war die Erde frisch aufgeworfen, und halbverbrannte Kinderleichen waren dort aufgehäuft. Auf den Plätzen, wo die Scheunen gestanden hatten, bildeten vollständig verkohlte und aufeinandergehäufte Leichname, die zum Teil mit den verschiedensten Materialien zugedeckt waren, ein gräßliches Beinhaus.

Obschon es unmöglich ist, die genaue Anzahl der Opfer anzugeben, kann sie annähernd auf 800 bis 1 000 Tote geschätzt werden, unter denen sich zahlreiche, aus luftgefährdeten Gebieten geflüchtete Kinder befanden. Von den zu Beginn des Nachmittags des 10. Juni anwesenden Personen scheinen nicht mehr als 10 noch am Leben zu sein. Das sind die Tatsachen.

Ich beehre mich, Herr General, Sie zu bitten, den deutschen Oberbefehlshaber in Frankreich davon in Kenntnis zu setzen. Ich hege den dringenden Wunsch, daß wegen der damit verbundenen Bedeutung die Reichsregierung davon unterrichtet wird, mit Bezug auf die Rückwirkung auf die Stimmung der französischen Bevölkerung.«

Später ist dieser Bericht im Nürnberger Prozeß als »Krönung deutscher Greueltaten« vorgetragen worden.[1] Er enthält einige Ungenauigkeiten: Die Zahl der Opfer war 642, die Zahl der zerstörten Häuser war nicht 85, sondern 123, mit Garagen, Scheunen, Werkstätten und Schulgebäuden war die Zahl 328.

Der Oberbefehlshaber in Frankreich war damals der Generalfeldmarschall Gerd von Rundstedt. Er hatte es mit der Beantwortung des Protestes nicht eilig.

Am 5. März 1945, also kurz vor Schluß, bekam er vom Chef des Oberkommandos der Wehrmacht eine Rüge. Der Generalfeldmarschall Keitel schreibt ihm: »Das Oberkommando der

1 IMT (»International Military Tribunal« gegen die Hauptkriegsverbrecher, Nürnberg 1947–49, 42 Bde in deutscher Sprache) Band 6, S. 453 ff.

Mädchenklasse in Oradour. Keines der Kinder und keine Lehrerin überlebte.

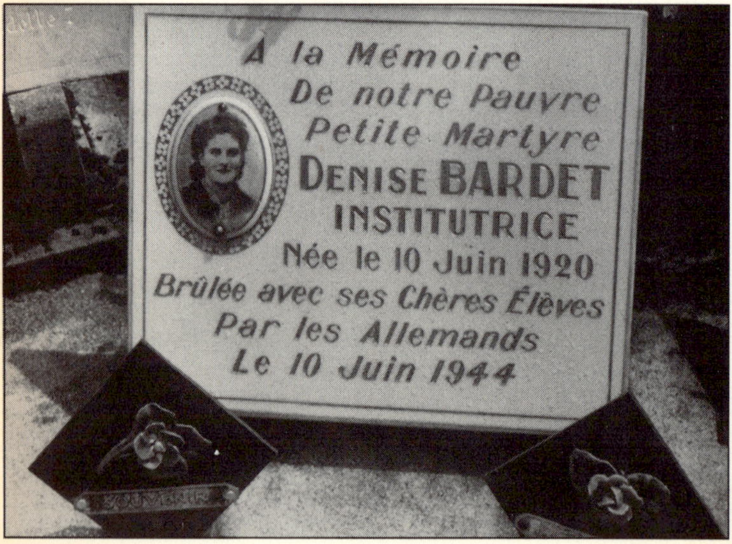

Denise Bardet, eine der Lehrerinnen, feierte am 10. Juni 1944 ihren vierundzwanzigsten Geburtstag. Man fand sie in der Kirche, von Kindern umgeben.

Wehrmacht hat am 26. September 1944 die Deutsche Waffenstillstandskommission mit der Bearbeitung der Angelegenheit beauftragt... Am 12. Februar 1945 erhielt die D.W.St.K.[1] von der Heeresgruppe B, Heeresgruppenrichter, den Bescheid, daß sich der Vorgang seit November 1944 beim Pz.AOK 6/Armeerichter befände, sowie daß das Pz.AOK 6 und die 2. SSPzDiv. ›Das Reich‹ inzwischen aus der Heeresgruppe B ausgeschieden seien. Zu der Art der Bearbeitung dieser Angelegenheit ist zu bemerken: Die Franzosen, und zwar die Abordnung der Vichy-Regierung hat mit dieser Note der deutschen Wehrmacht den schweren Vorwurf zahlreicher, durch die Kriegsgesetze nicht gerechtfertigter Tötungen französischer Staatsbürger, also Morde, gemacht. Es lag im deutschen Interesse, sobald als möglich auf diese Vorwürfe zu antworten. In der langen Zeit, die seit der französischen Note vergangen ist, hätte es auch bei dem weiteren Gang der militärischen Ereignisse und den damit verbundenen Truppenverlegungen möglich sein müssen, wenigstens einen Teil der Vorwürfe herauszugreifen und sie durch tatsächliche Nachprüfung zu widerlegen.

Wäre auch nur ein Teil der Vorwürfe alsbald widerlegt worden, hätte man den Franzosen zeigen können, daß ihre gesamten Angaben auf zweifelhaftem Material beruhen. Dadurch, daß deutscherseits in der Sache aber überhaupt nichts geschehen ist, muß auf der Gegenseite der Eindruck entstehen, daß wir nicht in der Lage sind, auf die Vorwürfe zu antworten ...«[2]

Was hätten sie antworten sollen? Daß Oradour eine Tat der französischen Widerstandsbewegung war und nicht der Deutschen?

1 D.W.St.K. = Deutsche Waffenstillstandskommission, Delegation des Deutschen Reiches bei der Vichy-Regierung nach der Kapitulation der Franzosen vom 22. Juni 1940 in Compiègne.

2 IMT Band 6, S. 457 f.

... fand die Billigung von Lammerding

Dabei hatte die Nazi-Militärjustiz tatsächlich etwas unternommen. Ein SS-Divisionsrichter, Detlef Okrent, hatte am 6. oder 7. Juli 1944 den Kompaniechef Kahn verhört. Das Verhörprotokoll sei aber verlorengegangen, erklärte der Richter in Uniform. Statt dessen fertigte er am 4. Januar 1945 ein Gedächtnisprotokoll an und stempelte es als Geheimsache:»In Oradour war ein SS-Untersturmführer der Division und sein Kraftfahrer, die von den Terroristen gefangengenommen und gefesselt in das Dorf gebracht worden waren, unter Anteilnahme der Bevölkerung – insbesondere auch von Frauen – viehisch mißhandelt worden. Während es dem SS-Untersturmführer gelang, sich durch eine List zu befreien, wurde der Kraftfahrer auf unmenschliche Art – wie später festgestellt wurde – zu Tode gefoltert. Kurz vorher war nach einer Meldung des SD[1] eine Sanitätskolonne der Wehrmacht in Stärke von zirka zehn Mann in diesem Dorf von Terroristen überfallen und niedergemetzelt worden. Zur Vergeltung wurde daraufhin vom Kdr. I./SS-Pz.Gren.Rgt. 4 ›Der Führer‹, SS- Sturmbannführer Diekmann, die 3. Komp. dieses Btl. gegen dieses Dorf eingesetzt. SS-Sturmbannführer Diekmann leitete die Aktion selbst. Schon bei Annäherung erhielt die Kompanie Gewehr- und MG-Feuer. Nach Brechung des Widerstandes wurde bei der Durchsuchung der Häuser eine erhebliche Anzahl von Waffen sichergestellt. Das Dorf wurde daraufhin angezündet. Hierbei ereigneten sich in fast allen Häusern Detonationen, die von versteckt gehaltener Munition herrührten. Die Detonationen waren so stark, daß der leitende Führer seine eigenen Männer zu deren Sicherheit zurückziehen mußte. Bei diesem Sachverhalt erscheint die geübte Vergeltung aus militärischen Gründen durchaus gerechtfertigt. Der verantwortliche Führer, SS-Sturmbannführer Diekmann, ist im übrigen bei den Kämpfen in der Normandie gefallen.«

1 SD = Sicherheitsdienst des SS-Reichsführers Himmler, Nachrichten- und Sabotageorganisation, in viele Mordaktionen (»Einsatzgruppen«) verwickelt.

Also habe er, Militärrichter Okrent, seinem Divisionskommandeur Lammerding die Einstellung weiterer Ermittlungen vorgeschlagen.

»Diese Sachbehandlung fand die Einstellung von Lammerding als Gerichtsherr«, erklärte er später, 1963, als er selbst von der Staatsanwaltschaft Dortmund vernommen wurde.

Wie hätte der auch widersprechen sollen? Er, der Hauptverantwortliche für die Mordtaten seiner Division »Das Reich«?

Die Suche nach den Mördern

Im toten Oradour suchen die Angehörigen nach den Toten. Nur wenige können identifiziert werden. Den Bürgermeister findet man, Dr. Jean Desourteaux. Den Friseur Lucien Morliéras. Den erschossenen Garagisten Pierre-Henri Poutaraud, an dessen Hand einer von den Mördern ein Pferd angebunden hatte. Im Garten des kleinen Textilgeschäftes Dupic werden zwanzig leere Champagnerflaschen gefunden. Und der Geldtresor, in dem noch der Schlüssel steckt... Aber von der Hitze des brennenden Hauses ist er zugeschweißt. Paul Brousse, einer der Direktoren der Banque de France, läßt ihn öffnen: »Tresor Marke Bauche, gefertigt aus Stahl und Zement, gefunden in Oradour bei Monsieur Dupic, Textilhändler. Der Tresor besaß einen Schlüssel, mußte aber aufgeschweißt werden. Wir haben feststellen müssen, daß er leer war.«

Keine Münze, nichts. Wie Barth die Kasse im Laden von Mercier geleert hatte...

Aber die SS-Soldaten haben auch Spuren hinterlassen, die zu ihrer Identifizierung führen. Neben zwei Leichen findet Monsieur Sonntag, ein Ableser der Elektrizitätswerke, den verknitterten Briefumschlag eines SS-Grenadiers Siegfried Kuschke, Feldpostnummer 15807 D, abgesandt von Elli Gust aus Küstrin-Kietz, Oderbruchstraße 2, abgestempelt in Küstrin am 18. Mai 1944 um 13 Uhr. Und eine zweite Karte wird gefunden, Unterschrift unleserlich, aber wieder diese Feldpostnummer 15807 D. Und schließlich ein Stück von einer weiteren Karte, unterschrieben »SS-Uscha Lauber, 3. SS. DF«. Der Hinweis auf die 3. Kompanie des SS-Regiments »Der Führer« ist gegeben.

Am 25. Oktober 1944 fassen die Franzosen einen deutschen General, der zu Fuß aus dem nördlichen Frankreich nach Deutschland fliehen will. Es ist Generalleutnant von Brodowski. Er war der Chef des Verbindungsstabes 558 in Clermont-Ferrand. Sie fassen auch seinen Adjudanten, den Major Schradel. Der hat bei sich das komplette »Kriegstagebuch der Feldkommandantur 558 beziehungsweise des Hauptverbindungsstabes 588«. Darin lesen die Vernehmungsoffiziere Tag für Tag Eintragungen über den grausamen Terror der Deutschen gegen die französische Zivilbevölkerung:

»7. April 1944. Einsatz gegen Terroristen im südwestlichen Teil des Dept. Dordogne bei Lalinde mit einer Kompanie Georgier, Fg. Trupp und S. D. 56 Personen festgenommen. Einige Häuser gesprengt. Verluste keine ...

3. Juni 1944. Befriedungsaktion im Dept. Cantal ... Für die Planung und Leitung des Unternehmens ist Generalleutnant v. Brodowski verantwortlich.

7. Juni 1944. Für Unternehmen Cantal stehen grundsätzlich 1 Rgts Stab u. 2 Btln. SS Panz. Div. ›Das Reich‹ zur Verfügung ... 2. SS-Panz. Div. ist sofort antretend in den Raum Tulle–Limoges zu führen.

11. Juni 1944. Im Raum Limoges Lage weiterhin unsicher. Bei Aktion der Truppe am 10. Juni wurde Ort Oradour (30 km südw. Limoges) in Schutt und Asche gelegt ...

14. Juni 1944. Über Oradour, 30 km südw. Limoges, liegt eine frzs. Meldung vor: 600 Menschen sollen umgekommen sein ... Man fand die Leiche eines Oberzahlmeisters, die Spuren von Mißhandlungen aufwies. Gesamte männliche Bevölkerung von Oradour wurde erschossen. Frauen u. Kinder waren in die Kirche geflüchtet. Kirche fing Feuer. In Kirche lagerte Sprengstoff. Auch Frauen u. Kinder kamen ums Leben.«

Das Kriegstagebuch endet am 17. September 1944 mit der Eintragung: »Anfrage Gen. Kdo.: Wie Lage?«

Der Generalleutnant von Brodowski ist die Schlüsselfigur für den Einsatz der Terrorkommandos. Und als Gefangener erzählt er den Franzosen alle Einzelheiten und Befehlsstrukturen und nennt Verantwortliche, auch beim Mordkommando gegen Oradour. Einige Täter werden verhaftet. Viele sind entkommen.

Der General zieht sich zurück

Entkommen ist der General Heinz Lammerding. Nun kehrt er von seinen Gefechtsständen wieder nach Hause zurück. Er wählt sich einen erfolgversprechenden Beruf: Er wird Bauunternehmer. Erfolg im Krieg, Erfolg im Frieden – unsere Gesellschaft liebt die Erfolgreichen. Ein bißchen muß er noch an seinem privaten Glück drehen, nennt sich nach dem Krieg erst einmal Braun. Aber wie er es geschafft hat, im Krieg dem Tod zu entgehen, in den er seine Leute hetzte, so schafft er es nun, der Polizei und der Gerechtigkeit zu entgehen. Dabei hat er Helfer, so wie Mengele und Barbie und Eichmann Helfer hatten: den amerikanischen Geheimdienst und den englischen Sicherheitsdienst.

Die Franzosen mußten zunächst einmal feststellen, ob Lammerding überhaupt für die Morde in Tulle und in Oradour verantwortlich zu machen war. Er selbst hatte nämlich behauptet, er sei an diesen Tagen gar nicht im Befehlsstand in Tulle gewesen. Und die alten SS-Kameraden verbreiten diese Lüge heute noch.

Aber am 12. Februar 1945 gab der deutsche Oberfeldarzt Dr. Schmidt aus Lammerdings Stab vor den französischen Rechercheuren die schriftliche Erklärung ab: »Ich bescheinige, daß ich am 9. Juni 1944 den General Lammerding in Tulle gesehen habe.«

Die französische Regierung gab den Auftrag, nach dem Aufenthaltsort des Generals zu suchen. Am 1. April 1947 schrieb das »Komitee der Märtyrer von Tulle« an die Oberkommandierenden der französischen, britischen und amerikanischen Besatzungstruppen in Deutschland einen Brief: »General Lammerding, Kommandeur der SS-Division ›Das Reich‹, hat sich eines widerwärtigen Verbrechens schuldig gemacht, worüber wir in der beiliegenden Broschüre berichten. Wir wären Ihnen sehr verbunden, wenn Sie uns bekanntgeben können, ob dieser Kriegsverbrecher verhaftet oder ihren Suchdiensten gemeldet wurde ... Die Völker werden es nicht verstehen, wenn solche Verbrecher unbestraft bleiben.«

Am 12. April 1947 antwortete im Namen des französischen Oberkommandierenden ein Dr. Varreux: »Ich kann Ihnen mitteilen, daß der Suchdienst mich davon unterrichtet hat, daß der General Lammerding sich zur Zeit in einem Kriegsgefangenenlager in der amerikanischen Zone befindet... Er ist seit längerer Zeit Objekt eines Auslieferungsantrages Frankreichs.«

Aber immer wenn die Franzosen zugreifen wollten, ist Lammerding wieder verschwunden. Schließlich erklärte der französische Außenminister Couve de Murville, die Festnahme Lammerdings sei durch den britischen Geheimdienst vereitelt worden.

Am 5. Juni 1951 wird vor dem französischen Militärtribunal in Bordeaux der Mord von Tulle verhandelt. Der SS-General Heinz Lammerding wird wegen des Mordes an 99 Geiseln in Tulle als Hauptverantwortlicher zum Tode verurteilt - in Abwesenheit. In seinem Plädoyer hatte der Militärstaatsanwalt Oberstleutnant Gardon die Öffentlichkeit aufgerufen: »Ich richte an die Presse den Appell, mir zu helfen, die flüchtigen Mörder zu finden. Wenn es einen Menschen gibt, der solche Kriminellen beherbergt, oder wenn es ein Land gibt, das ihnen Asyl gewährt, dann müssen wir fürchten, daß alle hochherzigen Bemühungen, die seit 1945 unternommen wurden, der Menschheit eine friedliche Zukunft zu sichern, umsonst gewesen sind.«

Das war eine programmatische Erklärung für die Humanität. Die Proklamierung der Inhumanität übernahm der von der Bundesregierung bezahlte Verteidiger Lammerdings, der Marburger Professor für Strafrecht Erich Schwinge: »Meine Herren Offiziere, wenn Sie diejenigen verurteilen, die töteten, werden sie künftig niemanden mehr dafür gewinnen, Krieg zu führen.« Dieser Erich Schwinge hatte als Nazi-Kriegsrichter selber an 16 Todesurteilen mitgewirkt.

Am 12. Januar 1953 wird vor dem Militärgericht in Bordeaux der Prozeß gegen die Mörder von Oradour eröffnet. Auf der Anklagebank sitzt kein einziger Offizier. Da meldet sich aus Düsseldorf-Unterrath, Sperlinggasse 6, der Bauunternehmer Lammerding, der sich nun nicht mehr Braun nennt und seinen knappen Vornamen Heinz gegen den Doppelnamen Heinrich Bernhard umgetauscht hat. Heinrich Bernhard Lammerding bedauert, nicht als Zeuge erscheinen zu können, weil er von der Rechtsschutzstelle des Auswärtigen Amtes der Bundesrepublik Deutschland vor einer Reise nach Frankreich gewarnt worden sei. Ein paar Jahre später gibt er das vor der Staatsanwaltschaft Dortmund zu Protokoll. Lammerding am 19. Februar 1962: »Mein Angebot, als Zeuge aufzutreten, wurde im Hinblick auf mein Todesurteil von der Rechtsschutzstelle des Auswärtigen Amtes für gefährlich gehalten, desgleichen auch eine Vernehmung vor einem französischen Richter in Deutschland, da im Hinblick auf die damalige Lage mit meiner Verhaftung durch die Franzosen zu rechnen war. Ich bin 1953 auf Anraten im Januar aus Düsseldorf weggegangen, weil angeblich die britische Besatzungsmacht einen Haftbefehl gegen mich für die Franzosen vollstrecken sollte. Die Warnung wurde mir von deutscher Seite erteilt. Ich fuhr dann nach München und habe mich in der Folgezeit bis 1954 in der amerikanischen Besatzungszone aufgehalten. Währenddessen verhandelte mein Anwalt, Rechtsanwalt Dr. Koch, mit den Amerikanern wegen der weiteren Sachbehandlung. Die Amerikaner gaben zu verstehen, daß ich in ihrer Besatzungszone untergetaucht bleiben sollte, weil sie gegen eine Auslieferung waren. Als mit der Übertragung der Souveränität auf die Bundesrepublik eine neue Situation für mich entstand, bin ich mit Billigung der Amerikaner Ende 1954 wieder nach Düsseldorf zurückgekehrt. Bemerken muß ich allerdings, daß von englischer Seite nie ein Besuch in meiner Wohnung stattgefunden hat, um mich festzunehmen, auch nach meiner Rückkehr kein Interesse gezeigt wurde, was ich trieb. Zusammenfassend kann ich nur nochmals sagen, daß ich persönlich unmittelbar mit den Ereignissen nichts zu tun habe und daher mich keiner Schuld bewußt fühle. Ich wäre dankbar, wenn von deutscher Seite nach den verschiedenen Angriffen gegen mich das Verfahren nunmehr in ordnungsgemäßer Form durchgeführt wird, damit ich eine Grundlage habe, gegen Verleumder vorzugehen. Heinrich Bernhard Lammerding.«

Also müssen die angeklagten SS-Soldaten und -Unterführer in Bordeaux ohne ihren verantwortlichen General auskommen. Statt dessen hatte die Bonner Regierung einen fachkundigen »Beobachter« geschickt: den Abteilungsleiter im Bundesjustizministerium Walter Roemer. Er stand im Rang eines Ministerialdirektors. Ein paar Jahre zuvor hatte er den Rang eines Ersten Staatsanwalts am Sondergericht München. Er besaß ausreichende Erfahrung in der Praxis der Menschentötung. Zum Beispiel hatte er die Geschwister Hans und Sophie Scholl, die Mitglieder der »Weißen Rose«, im Frühjahr 1943 vor dem Volksgerichtshof der »Feindbegünstigung« angeklagt und die Todesstrafe gefordert. Als pflichtbewußter Beamter ging er auch zu ihrer Hinrichtung und protokollierte, daß er ihre Köpfe habe fallen sehen. Nun, 1953, war er Leiter der Abteilung öffentliches Recht des Justizministeriums in Bonn und wirkte an der »Neuschöpfung« alter Rechtsvorstellungen mit.

Die Krankenschwester Georgette Hébras, 22 Jahre alt, vor ihrem Elternhaus.

Das Gericht muß sich mit Lammerdings Behauptung abfinden, bei der Zerstörung von Oradour und der Erschießung der Geiseln habe der Kompaniechef Kahn »seine Kompetenzen überschritten«. Er, Lammerding, habe Kahn dafür gerügt.

Aber in der Beweisaufnahme sieht es anders aus. Der elsässische SS-Mann Albert Daul erklärt in einer Vernehmung: »Nach einer Ortsdurchfahrt stiegen wir etwa 50 Meter entfernt vom ersten Haus in einem Hohlweg ab. Unsere Gruppe wurde von Unterscharführer Lauber befehligt und hatte die Aufgabe, jegliches Verlassen oder Betreten des Dorfes zu verhindern. Ich hielt mich mit meinem Kameraden Elsaesser auf der Straße auf, wo wir uns miteinander unterhielten. Plötzlich hörte ich MG-Feuer und sah Rauch, der von Bränden im Dorf stammte. Im Verlauf des Tages wollte ein 18jähriges Mädchen mit dem Fahrrad in den Ort hinein. Ich sagte ihr, sie solle wieder zurückfahren. Trotz ihrer Tränen haben Elsaesser und ich ihr befohlen, zurückzufahren. Ebenso haben wir eine Frau, die im Dorf Einkäufe machen wollte, und einen Mann, Spanier oder Italiener, der wegen Tabak kam, zurückgeschickt. Ein anderer Mann, der angab, Musikprofessor zu sein, bestand so sehr darauf, in den Ort hineingelassen zu werden, daß wir ihm schließlich das Betreten auf eigene Gefahr erlaubten. Er ging in den Ort, um dort angeblich eine Musikreportage zu machen. Ich habe ihn nicht wiedergesehen. Wir sind an der Stelle bis etwa 19 Uhr geblieben. Dann erhielten wir durch einen Melder den Befehl, am Ortsausgang an der Straße nach Limoges wieder zur Kompanie zu stoßen. Als wir an einer Autowerkstatt vorüberzogen, vor der zwei Maschinengewehre in Stellung waren, sah ich eine Gruppe Zivilpersonen, rund zwanzig, die von einer starken SS-Eskorte an den besagten Ort geführt wurden. Hauptsturmführer Kahn befahl den Zivilpersonen, in die Autowerkstatt hineinzugehen. Dann ließ er mit den beiden Maschinengewehren auf die Zivilpersonen schießen. Zwei Unterscharführer mit Namen Bohrer und Boos, letzterer ein Elsässer, gingen in die Werkstatt und erschossen mit Pistole und Maschinenpistole die Zivilpersonen, die noch röchelten. Von dort brachte man uns zum Platz vor der Kirche, wo ich andere SS-Gruppen sah. SS-Leute trugen Strohballen in die Kirche, in der schon Feuer gelegt worden war. Ich habe nicht gesehen, daß in der Kirche Frauen und Kinder waren. Ich erinnere mich auch nicht daran, daß SS-Leute in das Innere der Kirche geschossen haben. Das habe ich erst auf dem Rückweg von Angehörigen anderer Gruppen gehört. Nach Verlassen des Ortes standen alle Häuser in Flammen. Unsere Gruppe zog sich entlang einer Steigung auf eine Wiese an der Straße zurück. Erst beim Verlassen des Ortes sah ich das Ortsschild, er hieß Oradour.«

Und wer, wird Daul gefragt, hat die Befehle gegeben?

Daul: »Den Namen des Kommandeurs, der die Division ›Das Reich‹ befehligte, kenne ich nicht. Das Regiment wurde befehligt von Standartenführer Stadler. Das erste Bataillon von Sturmbannführer Diekmann. Die dritte Kompanie von Hauptsturmführer Kahn . . . Die meisten Offiziere kannte ich nicht genauer. Sie hüteten sich, uns ihre Heimatadressen zu sagen, weil sie wohl fürchteten, nach dem Krieg aufgespürt zu werden.«

Ob er denn seine Rolle in Oradour nicht beschönigt habe?

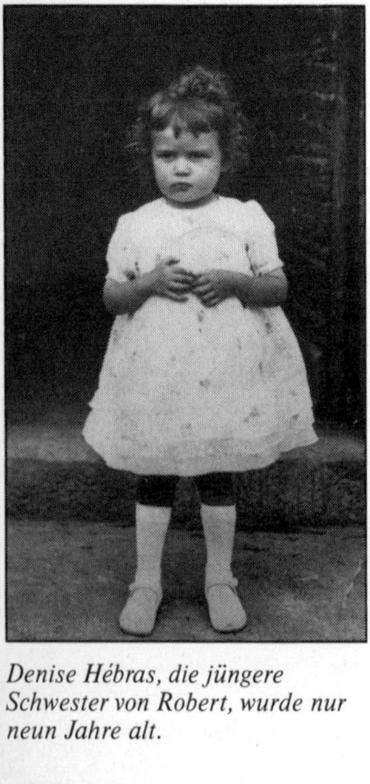

Denise Hébras, die jüngere Schwester von Robert, wurde nur neun Jahre alt.

Daul: »Im Gegenteil. Durch mein Eingreifen habe ich die schon erwähnten Personen daran gehindert, ins Dorf zu gehen. Ich habe sie auf diese Weise vor dem sicheren Tod bewahrt. Ich habe nicht einen einzigen Schuß abgegeben, habe keine Brutalitäten gegenüber den Menschen dort begangen. Ich habe mir nichts vorzuwerfen, weder am 10. Juni, noch an anderen Tagen meiner Dienstzeit bei der deutschen Armee.«

Das wurde bald durch andere Zeugen widerlegt. Aber weder Daul noch irgendein anderer der einundzwanzig Angeklagten versuchten sich damit herauszureden, in Oradour habe es massakrierte deutsche Soldaten gegeben.

Jean-Pierre Elsaesser, nach dem Kriege Hilfsbriefträger bei der Post in Straßburg und zur Zeit der Tat 17 Jahre alt, erklärte: »Im Mai 1944 nahm ich mit dem ganzen Bataillon an einer Aktion gegen den Maquis teil. Meines Wissens gab es keinen einzigen Zwischenfall ... Ich habe Ihnen nicht die Wahrheit gesagt. Als wir durch einen Ort zogen, der auf unserer Route lag, wurde aus einem Haus ein Schuß abgegeben, der einen deutschen Soldaten tödlich traf. Darauf holte Hauptsturmführer Kahn mit mehreren SS-Männern drei Frauen aus dem Haus heraus. Zwei waren alt, eine war jung. Alle drei wurden in Anwesenheit der gesamten Einwohnerschaft erhängt. Ein Strick wurde über den Isolator der Stromleitung geworfen, der als Galgen diente. Es war Sturmbannführer Diekmann, der diese dreifache Erhängung befahl. Dann ließ Diekmann sechs Männer aus der Menge willkürlich herausgreifen. Sie wurden auf der Stelle erschossen. Sechs andere wurden befragt, wer den SS-Mann erschossen hatte. Sie versuchten zu fliehen, wurden aber ebenfalls erschossen. Darauf knieten alle Einwohner nieder. Der Pfarrer kam aus der Kirche und erteilte der Dorfbevölkerung die Absolution ...

Am 10. Juni waren wir in Saint Junien. Am Vormittag bekam ich den Befehl, an einer Aktion teilzunehmen. Dabei wurde mir erzählt, daß der Maquis einen Sturmbannführer gefaßt habe. Es handele sich darum, diesen Offizier zu suchen. Keiner meiner Kameraden wußte, wer dieser Offizier war, den man suchen sollte. Später habe ich mir gedacht, daß sich die Führung eine Geschichte ausgedacht hat, die als Vorwand für das Massaker dienen sollte ...

Wir fuhren über die Glane-Brücke in den Ort hinein. Wir durchquerten die Ortschaft. Unterscharführer Lauber führte seine Gruppe von zehn bis zwölf Mann in die Felder westlich von

Oradour. Wir sollten die Gegend durchstreifen und alle Personen nach Waffen absuchen und diejenigen festnehmen, die verdächtig seien.«

Elsaesser berichtet, wie Daul, von dem jungen Mädchen mit dem Fahrrad, das sie weggeschickt hätten. Und er berichtet von der Autowerkstatt – es ist die Garage Desourteaux und – mit den Geiseln, die dort versammelt waren. »Die Zivilpersonen fuchtelten mit Ausweisen herum, die sie unbedingt Kahn zeigen wollten. Sie flehten ihn an, sie nicht zu erschießen. Aber Kahn war unnachgiebig und stieß sie wieder in das Innere der Garage zurück. Dann entfernte er sich plötzlich und gab den Schießbefehl. Sofort ratterten die Maschinengewehre los. Die Zivilpersonen brachen zusammen. Ich schätze, daß hundert Schüsse auf sie abgegeben worden sind ... Kahn gab Befehl, aus einer Scheune Stroh zu holen. Ich stellte mich mit in die Reihe, um das gebündelte Stroh in die Autowerkstatt zu reichen. Ich habe aber nicht gesehen, wie Feuer gelegt wurde ...

Wir gingen in eine Villa hinein, die in einem Park lag, von einer Mauer eingefaßt.« Es war das Haus der Ärztefamilie Desourteaux. »Das Haus lag gegenüber dem Straßenbahnhof. In einem Schubfach des Schreibtisches lag ein Bündel Banknoten, das ein deutscher SS-Mann an sich nehmen wollte. Lauber kam in diesem Augenblick dazu und hinderte ihn daran. Wir vergossen Benzin und setzten dann alles in Brand. Es kann sein, daß dies das Haus des Bürgermeisters der Gemeinde war ...

Vor der Kirche stand Diekmann mit verschränkten Armen. Kahn leitete die Aktion. Aus dem Innern der Kirche drangen Schreie und das Heulen von Frauen und Kindern. SS-Leute brachten Holz und Stroh in das Gebäude. Die beiden Unterscharführer Maurer und Boos drangen in die Kirche ein und gaben mit der Maschinenpistole Feuerstöße ab. Dann warfen andere SS-Leute Handgranaten hinein, um die Leute ganz zu erledigen. Unser Leutnant, der Untersturmführer Barth, gab unserer Gruppe den Befehl, die Häuser auf der anderen Seite gegenüber der Kirche anzuzünden. Barth kam kurz darauf zu mir in das Lebensmittelgeschäft. Er befahl mir, Feuer zu legen. Er bedrohte mich mit seinem Revolver, um mir Beine zu machen. So habe ich dann mit meinen Kameraden im Innern des Hauses den Brand gelegt ...«

... während unten im Keller Martial und Maurice Beaubreuil voller Angst die Schritte hörten und den Brandgeruch rochen –

»... indem ich mit Zündhölzern alles anzündete, was brennbar war. Zuletzt mußten wir uns auf der Straße gegenüber der Kirche sammeln. Ich sah, wie Unterscharführer Boos dem Obersturmführer Kahn eine Sprengstoffladung gab. Kahn ging mit einigen bewaffneten SS-Leuten in die Kirche. Gleich darauf ereignete sich eine Explosion, und in wenigen Augenblicken stand das ganze Gebäude in Flammen. Der Rauch drang durch die Fenster... In dem Moment, als das Feuer gelegt wurde, hörte man immer noch Schreie aus dem Innern. Aber es waren viel weniger als vorher...

Ich erinnere mich an die Leiche eines einjährigen Kindes, das auf dem Platz neben der Kirche unter einem Tuch lag...

Ich fragte einen deutschen SS-Mann aus meiner Kompanie, ob in der Kirche auch Elsässer waren. Ich wußte von den Elsässern, weil meine Großmutter 1940 selbst in Saint Junien als Flüchtling war. Dort habe ich sie auch für vierzehn Tage besucht. Der Deutsche sagte mir, ja, es sei wirklich in der Kirche eine Elsässerin gewesen. Sie habe Obersturmführer Kahn angefleht, aber der habe ihre Bitten abgelehnt. Es dürfe niemand überleben, damit kein Zeuge vorhanden sei, erklärte er. Ich sah plötzlich einen Einwohner, der mit brennenden Kleidern aus seinem Haus lief. Unterscharführer Maurer schoß aus einer Entfernung von kaum hundert Metern auf den Mann und tötete ihn...

Als es Nacht wurde, verließ unsere Kompanie den Ort. Am Tage darauf gelangten wir in einen anderen Ort, an dessen Namen ich mich nicht erinnere. Dort mußten wir ein Schloß umstellen, das in Brand gesteckt wurde...

Ich versichere, daß ich während des Massakers von Oradour nicht einen Schuß abgefeuert habe. Ich habe niemanden getötet, und damit sage ich die volle Wahrheit... Zu den SS-Offizieren gehörte Untersturmführer Barth.«

Das sagt einer nach dem anderen aus: Der Untersturmführer Barth war dabei. Und der SS-Mann Paul Graff, ebenfalls aus dem Elsaß, fügt noch hinzu: »Beim Abfahren aus Saint Junien sagte Untersturmführer Barth zu uns, während er an der Kolonne entlang fuhr: ›Heute werdet ihr Blut fließen sehen.‹« Und am Schluß seiner Aussage: »Ich habe nie gewußt, warum dieser Ort ausgerottet wurde. Untersturmführer Barth sagte uns am Abend des Massakers, ehe wir Oradour verließen, wir sollten angeben, der Maquis hätte den Ort in Brand gesetzt und die Einwohner evakuiert.«

Aussage für Aussage: Nichts von Aktionen des Maquis. Nichts von Munition oder Sprengstoff in den Häusern von Oradour. Nichts von toten deutschen Soldaten. Nichts davon, daß ein einzelner Kompaniechef, Kahn, eigenmächtig den Mordbefehl gegeben habe.

Nur sie selbst wollen nicht geschossen haben. Sie haben draußen auf Posten gestanden. Sie haben sich nicht für Tote interessiert. Der SS-Mann Grienberger: »Ich habe nur in die Luft geschossen.« Der SS-Mann Hoehlinger: »Ich habe hinter einer Hecke geschlafen.« Am 11. Februar werden sie verurteilt: Einer wird freigesprochen, weil er nachweisen konnte, daß er an diesem Tage nicht in Oradour war. Zwei werden zum Tode verurteilt. Achtzehn zu Gefängnis zwischen fünf und zwölf Jahren. Drei Offiziere werden in Abwesenheit zum Tode verurteilt. Einer davon ist Barth, Vorname unbekannt.

Ganze sechs Tage besteht dieses Urteil. Dann wird es aufgehoben. Frankreich war nicht mehr das Land von 1944. Das Land des Maquis, der Resistance, der Befreiung. Frankreich war zu einem Land geworden, das mit den Deutschen zusammen, den Westdeutschen, in einer Front des Kalten Krieges gegen den Kommunismus stand. Geleitet von den Vereinigten Staaten von Amerika. Frankreich, das offizielle jedenfalls, mußte Rücksicht darauf nehmen, daß in Westdeutschland gerade wieder eine neue Wehrmacht mit den alten Offizieren aufgebaut wurde. Mit dem General Speidel zum Beispiel, der als deutscher Generalstabschef in Frankreich für so viele Verbrechen und Judendeportationen verantwortlich gewesen war. Und Frankreich hatte selbst seine Mitläufer und Kollaborateure gehabt. Die waren nun wieder obenauf, im Elsaß zum Beispiel, das ja zwangsweise dem Großdeutschen Reich angegliedert worden war. Nun forderten die Elsässer Wiedergutmachung – waren sie nicht dazu gezwungen worden, in die Wehrmacht und die SS einzutreten? Im Elsaß also protestiert man laut gegen das Urteil von Bordeaux, denn dreizehn der verurteilten SS-Männer sind Elsässer. Aus den Rathäusern hängt die Trikolore mit einem Trauerflor. Kriegerdenkmale im Elsaß werden verhängt. Die elsässischen Abgeordneten ziehen aus der Nationalversammlung aus und treten zu einer Sondersitzung in Straßburg zusammen. Dem Land droht eine Spaltung.

Der Nationalismus wird wahnsinnig hochgepuscht. Schreckensbilder vom Weltuntergang werden gemalt. Die sozialistischen Abgeordneten aus dem Limousin und alle kommunistischen Abgeordneten der Nationalversammlung weigern sich, einem Amnestiegesetz für die elsässischen SS-Leute zuzustimmen, das die Regierung eingebracht hat. Eine »Elsässische Volksbewegung« - ultrarechts - fordert im Nazistil: »Wir wollen unserm Ahnenerbe treu bleiben.« Einer der rechten Abgeordneten, Henri Meck, Bürgermeister der elsässischen Gemeinde Molsheim, gibt in der Nationalversammlung ein Beispiel seiner antikommunistischen Beschränktheit: »Die hundert Kommunisten interessieren uns nicht. Wir kennen ja die Elsaß-Politik der kommunistischen Internationale. Wenn Stalin siegen würde, dann wäre das Elsaß eine Sowjet-Republik der deutschen Sowjetunion. Ich habe das vor drei Jahren schon auf der Tribüne der Nationalversammlung erklärt. Heute wiederhole ich es.«

Die Mehrheit der Nationalversammlung opfert Recht und Gerechtigkeit. Am 19. Februar 1953, um zwei Uhr morgens, sechs Tage nach der Verkündung des Oradour-Urteils von Bordeaux und zur gleichen Nachtstunde, stimmt das Parlament ab: 88 Stimmenthaltungen, 211 Stimmen gegen das Amnestiegesetz, 319 dafür. Einer, der dafür stimmte, ist der sozialistische Deputierte François Mitterrand.

Die SS-Leute aus dem Elsaß sind begnadigt. Drei Tage später werden im Dunkel der Nacht die Verurteilten in Bordeaux heimlich in Transportwagen Richtung Elsaß verladen. Unterwegs steigen sie um in Wagen mit Straßburger Autonummern.

Als der Morgen graut, entfernt der Bürgermeister von Oradour das Croix de Guerre, die Ehrenmedaille des französischen Staates für die Ermordeten von Oradour, aus dem Rathaus und bringt es zum Präfekten zur Rücksendung nach Paris. Nachmittags werden vor dem Friedhof zwei Schandsäulen aufgestellt. Eine mit den Namen der dreizehn SS-Verbrecher aus dem Elsaß. Direkt daneben eine mit den Namen der 319 Deputierten der Nationalversammlung, die das Amnestiegesetz beschlossen haben. Kurze Zeit danach entläßt man, ebenso heimlich, auch die deutschen SS-Leute.

Im Elsaß herrscht eine Anti-Oradour-Stimmung. Robert Hébras erinnert sich: »Damals wurden Autos und Lastwagen mit Kennzeichen aus dem Limousin auf den Straßen von Straßburg angegriffen und die Reifen zerstochen.«

Zwölf Jahre sind vergangen seit dem entsetzlichen 10. Juni 1944. Es ist Juli 1956. Auf dem Bahnhof von Saint Junien, wo der

Schreckenszug gegen Oradour begonnen hatte, kommen 23 deutsche Kinder aus Hamburg an, eingeladen vom Verband ehemaliger Kämpfer der Resistance. Es sind die Kinder deutscher Widerstandskämpfer. Viele von ihnen haben keinen Vater oder keine Mutter mehr - hingerichtet von den Nazis. Der Bürgermeister empfängt sie als »Heldenkinder aus der Stadt Ernst Thälmanns«. Der französische Staatspräsident Vincent Auriol schickt Grußworte: »In diesen Ferienlagern werden die Freundschaft und die menschliche Hilfsbereitschaft geboren, denn es ist undenkbar, daß ein Kind, wenn es erwachsen ist, die Erinnerung daran verliert.« Ein Hamburger Mädchen namens Antje Wendt schreibt: »Verwundert sieht man uns in den Straßen nach. Wir singen laut. Wenn wir stehenbleiben, erklären unsere Begleiter den Leuten, warum wir deutschen Kinder in Frankreich sind, und oft geben uns dann die Menschen, die uns gar nicht kennen, einen Kuß, aber manchmal haben sie auch Tränen in den Augen.«

So sah die Bäckerei Bouchoulle wenige Tage nach der Zerstörung aus . . .

Kommt Lammerding doch noch vor Gericht?

Siebzehn Jahre sind seit Oradour vergangen, da sieht es so aus, als werde das große Verbrechen doch noch gesühnt. In Düsseldorf leitet die Staatsanwaltschaft ein Ermittlungsverfahren wegen Mordes gegen den Bauunternehmer und früheren SS-Standartenführer Lammerding und andere ein. Die anderen sind der Regimentskommandeur Stadler und der Kompaniechef Kahn. Barth ist nicht dabei, dessen Aufenthalt kennt niemand.

Die Justiz in diesem Lande hat sich eine Menge Tricks ausgedacht, die den Nazis zugute kommen. Nazi-Richter werden wegen der von ihnen durch Urteile begangenen Morde nicht bestraft; man kann ihnen nicht nachweisen, daß sie sich ihrer Verbrechen auch »bewußt« waren. Henker werden wegen ihrer Henkerstaten nicht bestraft: Die eigentlichen Täter waren gar nicht sie selbst, sondern Hitler, Himmler, Göring, Heydrich. Und Lammerding?

Die Justiz zaubert ein wenig: Es gibt einen »Überleitungsvertrag« aus dem Jahre 1951. Die drei Besatzungsmächte England, Frankreich und die USA haben damals die Bundesregierung verpflichtet, keinen Naziverbrecher erneut vor Gericht zu stellen, dessen Fall von ihnen abschließend behandelt wurde. Sie kannten ja die bundesdeutschen Richter, und sie wollten verhindern, daß ein von ihnen abgeurteilter Kriegsverbrecher nun von den Deutschen freigesprochen oder milder bestraft wird.

Doch die deutschen Richter waren schlauer als die Alliierten. Sie machten aus diesem Überleitungsvertrag das genaue Gegenteil: Waren nicht die Fälle Lammerding, Stadler und Kahn vom französischen Gericht in Bordeaux »abschließend« behandelt worden? Was konnte abschließender sein als ein Todesurteil?

Nun gut, vollstreckt werden konnte es nicht: Lammerding war ja in der Düsseldorfer Sicherheit geblieben. Aber den Herren Richtern am Bundesgerichtshof, von denen viele selbst per Todesurteil an Naziverbrechen mitgearbeitet hatten, erschien der Überleitungsvertrag als ein unüberwindliches »Verfahrenshindernis« in Nazimordsachen. Die Verfahren gegen den Oradourmörder Lammerding und alle seine Mittäter wurden eingestellt.

Außerdem: War es denn überhaupt Mord gewesen, was damals in Oradour geschehen war? Hatte nicht der SS-Führer Diekmann in Oradour »die Leichen von hingerichteten deutschen Soldaten gefunden«, – so behauptete der SS-Obersturmbannführer Otto Weidinger in seinem Buch »Division Das Reich«, das ungehindert in der Bundesrepublik erscheinen kann. Hatte nicht Diekmann »am Ortsausgang von Oradour-sur-Glane die Überreste einer deutschen Sanitätsstaffel gefunden, welche mit allen Verwundeten – Fahrer und Beifahrer waren an das Lenkrad gefesselt – offensichtlich bei lebendigem Leibe verbrannt sind?« War nicht »während des Brandes in fast allen Häusern Munition und Sprengstoff zur Explosion« gekommen? – Alles nach Weidinger, dem Nachfolger Diekmanns als Kommandeur des SS-Bataillons »Der Führer«.

Das übelste Produkt der Geschichtsfälscher heißt »Wo ist Kain? Enthüllungen und Dokumente zum Komplex Tulle und Oradour« von Herbert Taege. Dieser Mann dreht alles um und macht aus der Waffen-SS-Division »Das Reich« eine Heldentruppe: »Die Waffen-SS unterstand dem Heer und dessen vielschichtigen Kommandobehörden, und auch Himmler hatte da nicht das mindeste hineinzureden.« (Seite 195) »Lammerdings Bericht zeigt einen verantwortungsbewußten Truppenführer, der die Erhaltung und Wiederherstellung der Kampfkraft der Division für den Kampf in der Normandie als seine Kommandeurspflicht erkannt hatte.« (Seite 199) »So barbarisch in Tulle die Ausschreitungen der kommunistischen Partisanen waren . . .« (Seite 211). »Das damalige Völkerrecht war nicht auf Seiten der französischen Partisanen, sondern auf Seiten der deutschen Wehrmacht.« (Seite 211)

Aber wie kam es dann zu Oradour? Wie zum Mord an Frauen und Kindern in der Kirche? »Daß die Deutschen diese Sprengung herbeigeführt hätten, ist ganz ausgeschlossen.« (Seite 309)

Nein, es waren »Partisanen«, die »aus den unterirdischen Gängen in die Kirche eindrangen« (Seite 310). Und der Sprengstoff in der Kirche war »mit Zeitzündschnüren oder elektromechanischen Verzögerungen, die von den Engländern abgeworfen worden waren«, versehen (Seite 310/311). Zur Schießerei kam es, weil »die sich in den unterirdischen Gängen versteckenden oder in dem Heizraum verbarrikadierten Terroristen mit Nebeltöpfen zum Herauskommen oder zum Öffnen gezwungen worden sind.« (Seite 311) »Die Partisanen« haben »die Frauen und Kinder in der Kirche als Schutz benutzt, ... indem sie sich hinter ihnen verschanzten oder sie anderweitig als Deckung benutzten; wenn sie aus solcher Deckung auch noch das deutsche Feuer herausgefordert haben, wird auch das Inmitleidenschaftziehen der Frauen und Kinder zu einem bedingten Vorsatz.« (Seite 311/312) »Ausgeschlossen bleibt in jedem Fall, daß das, was Frau Rouffanche aussagte, stimmen kann ...« (Seite 313). Nicht die Deutschen haben Sprengstoff in der Kirche entzündet, sondern »die Zündung der Vorräte an Munition und Sprengmitteln über dem Chor und im Turm« soll »durch ehemalige Rotspanier vorgenommen worden sein.« (Seite 314) Und warum haben sie es getan? Sie wollten, »daß die Besatzungstruppen auf die Zivilbevölkerung rückgriffen, was bekanntlich das Ziel dieser Taktik ist, um Haß zu erzeugen«. (Seite 326) Damit wollten sie die Franzosen gegen die Deutschen und die Vichy-Regierung aufbringen, um »aufgrund solcher ›Beherrschung der Region‹« auf Befehl der Partei, der »kommunistischen Partei ... bei Invasionsbeginn die Stadt Limoges einzunehmen, wie sie auch Tulle einzunehmen befahl.« (Seite 326)

So verbohrt und krank diese abstrusen Gedanken sind, so finden sie doch bei Unverbesserlichen Anklang. Für sie klingt es gut, wenn Taege schlicht feststellt, daß »die Frauen und Kinder in Oradour, die Opfer von Partisanenhandlungen in der Kirche geworden sind«, fälschlicherweise »alle dem Schuldkonto der Deutschen zugerechnet« wurden (Seite 327).

Auch bei der Bundeswehr finden die alten Nazis neue Gefolgsleute. Ein Oberstleutnant der Bundeswehr namens Eberhard Matthes gibt in diesem Buch eine Schilderung seines Besuches im Nachkriegs-Oradour: »Neben zahlreichen Besuchen privater und auch dienstlicher Art vor- und nachher befand ich mich im November/Dezember 1963 als Offizier der Bundeswehr längere Zeit auf dem französischen Truppenübungsplatz La Courtine und im Sommer 1964 privat mit Familie in SW-Frankreich (Massif Central). Weil mich als Kriegsteilnehmer und in späterer Eigenschaft als Kreisvorsitzender des Verbands der Heimkehrer alle Fragen interessieren, die im Zusammenhang mit Zwangsmaßnahmen, Geiselerschießungen und ähnliches stehen, besuchte ich, beziehungweise wir, beide Male auch den Ort Oradour-sur-Glane.« Oradour sei »als eine Art Freilichtmuseum gestaltet mit kioskähnlichem Verkauf von Getränken, Rauchwaren und ähnliches sowie auch Broschüren«.

Am Eingang von Oradour werden zwar Schriften über das Massaker in Oradour angeboten, niemals sind dort Getränke oder Rauchwaren verkauft worden. »Als mich die älteren Einwohner in einer der Broschüren lesen sahen, äußerten einige, ich solle diese Berichte nicht so wörtlich nehmen.« »Die Kirche sei doch gar nicht von den Deutschen angezündet worden. Im Gegenteil hätten die deutschen SS-Männer – zum Teil unter Einsatz ihres eigenen Lebens – mehrere Frauen und Kinder aus der brennenden Kirche gerettet. Zwei Frauen in der mich umgebenden Gruppe bestätigen sogar, sie seien selbst damals gerettet worden von deutschen Soldaten, sonst stünden sie jetzt nicht hier.«

»Inzwischen war der Bürgermeister hinzugetreten, der sich vorstellte und mich freundlich begrüßte: ... Auch die Maquis hätten in jener Zeit sehr viel Unrecht an deutschen Soldaten verübt ...«

»In der Nähe der Kirchenruine war unter anderem ein alter Kinderwagen aufgestellt mit einem Schild, dieser Kinderwagen sei bei dem Massaker mit einem Kind darin auch verbrannt. Ich glaube, es war der Bürgermeister selbst, der bei dem Anblick lächelte und sagte, es sei schon der Rest eines Kinderwagens mit einer Kindesleiche seinerzeit dort gefunden worden. Nachdem aber Oradour so eine Art Wallfahrtsort geworden sei und der Ort an den Besuchern auch Geld verdiene, müsse man solche Dinge alle paar Jahre erneuern.« (Seite 304/305)

Der Bundeswehr-Oberstleutnant Matthes ist niemals wegen Volksverhetzung bestraft worden. Die Bundeswehr hat sich von ihm auch nie distanziert.

Lammerding – ein Ehrenmann

Ein etablierter Bauunternehmer in Düsseldorf läßt sich nicht nachsagen, er sei ein Massenmörder. Deshalb verklagt Heinz Lammerding 1962 die antifaschistische Zeitung »Die Tat«. Die hatte über Tulle und Oradour berichtet und darüber, daß der Waffen-SS-General wegen seiner Verbrechen vom Militärgericht in Bordeaux zum Tode verurteilt sei. Doch er hätte besser geschwiegen. Das französische »Komitee für die Auslieferung Lammerdings« sendet eine Delegation nach Düsseldorf. Zwei Überlebende von Oradour sind darunter: Madame Villemonteix, die am 10. Juni 1944 außerhalb des Ortes war, und Martial Beaubreuil, der sich mit seinem Bruder Maurice im Keller des Kolonialwarenladens Mercier versteckt hatte. Sie protestieren gegen die Nichtauslieferung des SS-Generals.

Zwar läßt in der damaligen Hauptzeit des Kalten Krieges der Justizminister die Delegation der Opfer nicht vor, sondern durch einen Ministerialbeamten abfertigen. Aber die Öffentlichkeit nimmt großen Anteil: Der Deutsche Gewerkschaftsbund gibt einen Empfang, die Friedensgesellschaft lädt zu einer öffentlichen Kundgebung, und in dem überfüllten Versammlungssaal stehen die Menschen schweigend auf: Zum ersten Mal gedenken Deutsche der Opfer von Oradour und Tulle.

Das bleibt auch nicht ohne Wirkung auf das Gericht. Am 18. Januar 1966 weist das Landgericht Düsseldorf die Klage Lammerdings ab. Er sei in Frankreich rechtskräftig wegen vielfachen Geiselmordes zum Tode verurteilt worden. Das französische Urteil sei auf rechtsstaatlicher Grundlage gefällt worden.

Bei diesem Anlaß kamen auch andere Taten des SS-Generals heraus. Er hatte als »Chef der Bandenkampfverbände« in Rußland zum Beispiel am 21. Februar 1943 der SS-Panzergruppe »Das Reich« einen Befehl gegeben, der sich wie ein Vorläufer des Oradour-Befehls anhört: Die SS-Brigade »Langemarck« ... »hebt am 22. Februar die Besatzung der Ortschaften Waskowzy, Mitkowzy und Klembowka aus und zerstört diese Ortschaften nach Evakuierung ... Die Orte sind nach Beseitigung des Widerstandes schleunigst zu evakuieren und niederzubrennen. Späteres Niederwalzen der Ruinen durch Panzer ist vorgesehen.«

Lammerding stirbt in Frieden. Am 19. Januar 1971 wird in Düsseldorf ein ehrenwerter Mann zu Grabe getragen. Hinter seinem Sarg marschiert ein SS-Offizier mit dem Ordenskissen. Kränze von der SS-Division »Das Reich«, von der Division »Totenkopf«, von der SS-Nachfolgeorganisation »HIAG« (Hilfsgemeinschaft auf Gegenseitigkeit) werden im Zuge mitgetragen. 200 ehemalige SS-Leute bilden einen schaurigen Totenzug. Zwanzig von ihnen haben am Halse das Nazi-Ritterkreuz.

Am Grab sprechen seine Kameraden. Der »Totenkopf«-Kommandeur Burgmann stellt die »einmalige Kriegskunst« Lammerdings als historische Tat hin. Ein Sprecher der schlagenden Verbindung »Rhenania«, bei der sich Lammerding sein zerhacktes Gesicht holte, rühmt ihn als ein »Vorbild für die Jugend« und fordert sie auf, dem SS-General »nachzueifern«. Dann spricht einer der Kameraden aus der SS-Division »Das Reich«: Oradour und Tulle seien keine Taten, für die man die SS verantwortlich machen könne, sondern daran trage nur die französische Widerstandsbewegung die Schuld. Aus einem Begräbnis wird ein ekelhaftes Nazischauspiel.

Nach seinem Tode machen ihn seine Mitkumpane zu einem Helden. Auf den Treffen der SS-Nachfolgeorganisation »HIAG« verkaufen sie das Foto des SS-Generals in seiner Montur mit umgebundenem Ritterkreuz. Und in dem Buch von Herbert Taege, »Wo ist Kain? - Enthüllungen und Dokumente zum Komplex Tulle und Oradour«, wird Lammerding als ein menschlicher Soldat geschildert. Zwei Sätze reichen: »Zu einem anderen Zeitpunkt bat Henri Laporte Lammerding, den jungen Erhängten beerdigen zu lassen ... Diese Bilder genügen zu der Feststellung, daß Lammerding durchaus menschliche Züge aufwies.« (Seite 201)

Ein harmloser Textilkaufmann Barth

Inzwischen hat der ehemalige SS-Obersturmführer Heinz Barth zwar keine Karriere gemacht wie sein General Lammerding. Aber auf seiner kleinen Erfolgsleiter hat auch er ein paar Stufen nach oben geschafft.

Zuerst einmal hatte er sich von dem Makel der SS befreien müssen, auch wenn der ihm noch immer als eintätowierte Blutgruppe unter dem Arm saß. Er war 1945, als die Rote Armee seinem Heimatort Gransee immer näher kam, Richtung Westen gegangen, Richtung Engländer. Denn vor den Russen hatte er größere Angst als vor den Westalliierten – von den Franzosen abgesehen.

Seinen Richtern sagt er später dazu: »Bis Anfang April 1945 glaubte ich, daß die deutsche Wehrmacht das nochmal schaffen

Am 31. Mai 1983 im Gerichtssaal von Berlin: Robert Hébras (zweiter von rechts) steht Heinz Barth (links) gegenüber, dem Mörder seiner Familie.

wird. Ich glaubte an die sogenannte Wunderwaffe, die dann aber nicht zum Tragen kam. Bis dahin hatte ich auch noch den Glauben, daß ich nach dem Krieg als Polizeioffizier Verwendung finden würde, in der Verwaltung. Das hoffte ich. Aber nun hatte ich ein Angstgefühl, weil ja die Rote Armee im Vormarsch war und die Waffen-SS allgemein, ich möchte mal sagen, verrufen war... Ich wollte Land gewinnen. Dann ging ich in ein Lazarett in Dithmarschen, in der englischen Besatzungszone. Da habe ich angegeben, daß ich Oberleutnant der Schutzpolizei bin. Das hat man mir abgenommen und mir ein Ersatzsoldbuch ausgestellt. Das hatte den Vorteil, daß da von SS nichts mehr auftauchte. Ich habe mich dann zu meinem Onkel in Hannoversch Münden begeben. Das liegt auch in der englischen Besatzungszone. Von dort aus habe ich mich, weil ich ja Polizeiangehöriger war, in Hannover um die Einstellung in den Polizeidienst beworben. Aber das ist nicht zum Tragen gekommen, weil zu dem Zeitpunkt keine Schwerbeschädigten eingestellt wurden. Dann habe ich geheiratet, und 1946 ging ich wieder zurück nach Gransee, in die damalige sowjetische Besatzungszone.«

Ob er denn damals der Ansicht gewesen sei, in der britischen Zone habe sich so wenig geändert, daß man nach einer solchen Vergangenheit Polizeioffizier werden könne, will der Richter wissen.

»Ich nahm das zu dem damaligen Zeitpunkt an. Aber dann haben mir meine Eltern geschrieben, daß ich nach Hause kommen solle. Vater hatte Rücksprache genommen, daß ich keine Befürchtungen haben brauchte wegen meiner Zugehörigkeit zur Waffen-SS. Es war auch ein gewisses Heimweh dabei. Deshalb habe ich mich entschlossen, einen Schlußstrich zu ziehen unter die Vergangenheit und ein vollkommen neues Leben anzufangen. Zu brechen mit der nationalsozialistischen Ideologie, daß das nicht in Ordnung war.«

Vom Standpunkt eines SS-Mörders aus war die Rückkehr in die sowjetische Besatzungszone ein großer Fehler. Er wollte ja, indem er ein neues Leben begann, das alte ganz und gar vergessen machen.

Durch nichts wurde das neue Leben des Kriegsversehrten Heinz Barth in Gransee gestört. Er hatte sich einen Lebenslauf zurechtgemacht, der nur ein paar Details aussparte. »Ich habe von der Polizei was angegeben, aber von der SS habe ich nie was angegeben.« Erst arbeitet er als Dekorateur bei der Konsumgenossenschaft in Neuruppin. Dann wird er Geschäftsführer einer Brennstoff-Firma in Gransee. Handelt mit Torf, Braunkohle, Brennholz. Packt auch selbst auf dem Holzplatz mit an. Arbeitet fleißig. Und 1953, da liegt Oradour schon neun Jahre zurück, tritt Heinz Barth in die Konsumgenossenschaft Gransee ein. Zwölf Jahre lang leitet er die Verkaufsstelle. Geht zur Konsum-Schule. Qualifiziert sich. Macht ein Fernstudium für Binnenhandel. Wird Ökonom. Bildet Lehrlinge aus. »Mein Kollektiv schwankte zwischen 15 und 20 Mitarbeitern.« Qualifiziert sich weiter als Spezialökonom für Rationalisierung. Wird Vorstandsmitglied Handel und Abteilungsleiter für Rationalisierung. Für gute Arbeit, Fleiß und Zuverlässigkeit bekommt er Auszeichnungen. Für die beste Jugendbrigade der DDR erhält er eine Medaille. Ist, während seine beiden Söhne die Schule besuchen, aktives Mitglied des Elternbeirats. Arbeitet in der ABI mit, der Arbeiter- und Bauerninspektion. Das ist in der DDR eine wichtige Kontrolleinrichtung, die Betriebe, Werkstätten und Geschäfte überprüft. Ist Erzieher im Deutschen Turn- und Sportbund, trotz seiner Amputation. Leistet gute Arbeit im »Mach mit«-Wettbewerb. Und warum das alles?

»Weil ich mich voll zum Arbeiter- und Bauernstaat bekannt habe. Ich hätte ja Gelegenheit gehabt bis 1961, über die offene Grenze nach Westdeutschland zu gehen ...« Aber er ist nicht gegangen. Nun bereitet er sich auf seinen Lebensabend vor. Auf die Rente. Da wird er am 14. Juni 1981 festgenommen ...

Staatsanwalt Horst Busse, der früher einmal Former war und sich dann zum Diplomjuristen qualifizierte, hat das Beweismaterial zusammengetragen. »Das war ein langer und komplizierter Weg«, berichtet er. »Barth war ja ursprünglich Wachtmeister der Polizei. Sein Name erschien nicht auf Befehlen oder Exekutionsprotokollen. In seinen Stationierungsorten war sein Name auch nicht bekannt, weder in Pardubice noch in Klatowy in der Tschechoslowakei. Er hat sich ja auch nie besonders persönlich hervorgetan. Er ragte nicht aus der Masse der Anonymität hervor. Er war eines dieser vielen Gesichter unter dem Stahlhelm der Exekutionskommandos. Wir hatten also zunächst gar keine Anhaltspunkte.

Aber dann haben wir in den siebziger Jahren Kriegsverbrecherprozesse gegen Personen geführt, die nach dem Attentat auf Heydrich an hervorragender Stelle im damaligen Protektorat Böhmen und Mähren tätig waren. Da war der Gestapo-Chef von

Kolin, Paul Fäustel. Der wurde vom Stadtgericht Berlin zum Tode verurteilt. Dann der Kommandeur dieses Polizeibataillons, Fritz Gottspfennig. Der wurde vom Bezirksgericht Schwerin verurteilt.

Nach diesen Prozessen haben wir zusammen mit den tschechoslowakischen Sicherheitsorganen das Umfeld durchforstet auf weitere Täter. Wir stießen bei den tschechoslowakischen Organen auf die Namensliste eines Exekutionskommandos 1942 in Kolin. Da war auch der Name Heinz Barth dabei, aus Gransee. Wir stellten fest, in Gransee lebt ein Heinz Barth. Aber in dessen Personalunterlagen stand kein Wort, daß er jemals bei der Polizei in Kolin war, und auch nicht, daß er Mitglied der NSDAP war.

Zwar stand auf diesem einen Blatt, das wir hatten, der Geburtstag des Heinz Barth, und der war identisch mit dem des Mannes aus Gransee. Aber in seinen Personalunterlagen war nur festgehalten, daß er den ganzen Krieg über in der Polizeibereitschaft Frankfurt/Oder war und dort Verwaltungsarbeiten und Kurierdienste getan hatte. Aber wenn einer nur seinen Stationierungsort verschweigt und seine Zugehörigkeit zur NSDAP, kann man daraus ja noch lange kein Ermittlungsverfahren ableiten. Außer Verdachtsmomenten hatten wir nichts. Allerdings mußte Barth ja auch irgendwie begründen, warum er denn nun beinamputiert war. Und da schrieb er, indem er Wahrheit und Lüge vermischte, er sei in den letzten Monaten des Jahres 1944 in Frankreich bei der 10. Panzerdivision zum Einsatz gekommen, nach der Invasion.

Da kam uns folgender Umstand zustatten: Die staatliche Archivverwaltung der DDR hatte im Document Center in Westberlin kommerziell Dokumente über die Waffen-SS erworben, für einen ganz anderen Zweck. Diese Dokumente wurden, nicht nur weil sie teuer waren, in alle möglichen Überprüfungshandlungen einbezogen. Dadurch bekamen wir den Hinweis, daß ein Heinz Barth der 10. SS-Panzerdivision ›Frundsberg‹ angehört hatte. Also das ›SS‹ hatte er bei der Panzerdivision verschwiegen. Und dann ergab sich aus diesen Unterlagen des Document Center, daß Barth von der SS-Panzerdivision ›Frundsberg‹ zur SS-Panzerdivision ›Das Reich‹ überführt worden war. Wir forsteten die Unterlagen über ›Das Reich‹ durch und stellten fest, daß Barth zum Zeitpunkt des Verbrechens von Oradour dieser SS-Division ›Das Reich‹ angehört hatte.

Aber da brachen unsere Ermittlungen auch wieder ab. Wir konnten ja nicht auf Verdacht hin überall um Rechtshilfe nachsuchen und sagen: Vielleicht hat Barth was gemacht.

Wir haben in die Vorprüfungen auch die Literatur einbezogen. Da kam man auf das Buch des dänischen Schriftstellers Jens Kruuse über Oradour und den Bordeaux-Prozeß[1]. Der hatte ja in seiner Dokumentation recht detaillierte Schilderungen gegeben. Da tauchte auch der Name des Obersturmführers Barth auf, ohne Vornamen, glaube ich. Dann hat der Generalstaatsanwalt der DDR die Republik Frankreich um Rechtshilfe ersucht, die in großzügiger Weise gewährt wurde. Wir hatten nicht nur die Zeugenvernehmungen von Überlebenden, sondern auch die Vernehmungsprotokolle aus dem Bordeaux-Prozeß, die Anklage, das Urteil. So hat sich dann alles verdichtet, und wir konnten ihn entlarven. Barth war dann bei der Verhaftung im wesentlichen bereit, die Wahrheit zu sagen. So konnte der dringende Tatverdacht begründet werden, und wir haben die Anklage erhoben. Die Wahrheit hätte zeitiger geklärt werden können, wenn die Aussage Kahns, der bereits 1962 in der Bundesrepublik im wesentlichen die gleichen Aussagen gemacht hatte wie Barth vor dem Berliner Stadtgericht, wenn diese Aussage nicht zwanzig Jahre lang in den Archiven der westdeutschen Staatsanwaltschaft gelegen hätte. Sie ist uns aufgrund unseres Ersuchens erst jetzt übersandt worden.«

Drei Tage vor dem 39. Jahrestag der Zerstörung von Oradour, am 7. Juni 1983, spricht der Vorsitzende des Stadtgerichts von Berlin, Dr. Heinz Hugot, das Urteil: Der Angeklagte Heinz Barth wird zu lebenslanger Haft verurteilt.

Drei Frauen, in tiefes Schwarz gekleidet, verlassen den Gerichtssaal, als gingen sie von einer Beerdigung fort. Die Frau von Heinz Barth und seine beiden Schwiegertöchter.

Ein Mann wird in die Haft abgeführt, der als 23jähriger alles tat, was man ihm befahl.

Seine ehemaligen Kameraden haben längst wieder - in der Bundesrepublik - eine neue Truppenkameradschaft gebildet, 1971 in Rosenheim. Der ehemalige SS-Obersturmbannführer Günther Wisliceny konnte ungehindert behaupten: »Oradour

1 Jens Kruuse, Oradour, edition suhrkamp, 1969. Seiten 123/124: »Es ist alles die Schuld der Offiziere, schon bevor wir losfuhren, so wie Obersturmführer Barth, der an der Kolonne entlangfuhr und sagte, daß heute richtig Blut fließen sollte.«

und Tulle waren, und das muß gesagt werden, Reaktionen auf vorausgegangene Aktionen der französischen Widerstandsbewegung.« Und mit hochrotem Gesicht brüllte ein anderer SS-Offizier namens Walter Harzer: »Denn wenn einer ein Haus anzündet, dann muß auch einer kommen, der es löscht.«

Harzer muß es wissen. Er war, als Oradour ausgelöscht wurde, der verantwortliche Kommandeur der 4. SS-Polizei-Panzergrenadier-Division, die am selben Tage die 218 Einwohner des griechischen Dorfes Distomon auslöschte. Auch er ist nicht im Gefängnis, sondern ein angesehener Bundesbürger.

Und der entsetzlich anzuschauende Generalleutnant der Waffen-SS Paul Hausser, der erste Kommandeur der SS-Division »Das Reich«, erklärt: »Ich gehe heute abend mit einem stolzen Gefühl über die Vergangenheit zurück.« Das stolze Gefühl auf die Leistungen in Oradour und Tulle tragen die Kämpfer in die Gegenwart der Bundesrepublik und in die Zukunft Europas hinein.

1971 sieht das für die alten SS-Kameraden ganz einfach aus: »Ohne einen dicken Schlußstrich unter den unseligen Kampf der Resistance gegen die Division ›Das Reich‹ kann es auch keine endgültige Aussöhnung zwischen Deutschland und Frankreich geben . . . für unser gemeinsames, geeintes Europa. Wir (die SS) sind dazu bereit.« Das schreibt der ehemalige SS-Obersturmbannführer Otto Weidinger in der Zeitschrift »Der Freiwillige«. Eine schauerliche Vision: Ein SS-Europa, in dem die Gemordeten den Mördern vergeben sollen . . .

Doch sie bleiben nicht ungestört: Während sie in Rosenheim tagen, versammeln sich draußen die Antifaschisten und rufen: »Wir haben jetzt die Nazis satt. Nazis raus aus unsrer Stadt!« Und ein Sprecher von ihnen erklärt: »Diese Männer, Angehörige der ehemaligen SS-Division ›Das Reich‹, waren 1944 beteiligt an dem Massenmord in Oradour, bei dem die gesamte Bevölkerung, Männer, Frauen und Kinder, von den SS-Verbrechern ermordet wurde. Bürger von Rosenheim, dieses Treffen ist eine Schande für diese Stadt. Wehrt euch mit uns gegen die Faschisten! Ein Hitler war genug. Nazis raus aus Rosenheim!«

Aber die Justiz der Bundesrepublik Deutschland tut nichts gegen HIAG, Truppenkameradschaften, SS-Nachfolgeorganisationen. Ohne Behinderung kann eine »Nationalzeitung« erscheinen und – am 30. November 1984 – über Oradour behaupten: »Deutsche Kriegsverbrechen erfunden«.

Der Oradour-Prozeß in der DDR, vorbildhaft in Vorbereitung, Gründlichkeit, Rechtsstaatlichkeit, wird in diesem Blatt von dem ehemaligen SS-Obersturmbannführer Weidinger folgendermaßen beschrieben:

»Bei dem Prozeß in Ostberlin gegen Heinz Barth handelt es sich - nach 40 Jahren - um einen nachträglichen Schauprozeß vor einem ›deutschen‹ - sprich kommunistischen Gericht, der natürlich auch von der ehemaligen kommunistischen Resistance in Frankreich außerordentlich begrüßt wurde, weil er doch das langersehnte erste Urteil über ›Oradour‹ von einem ›deutschen‹ Gericht brachte. Wenn man die näheren Umstände dieses Prozesses erfährt, weiß man auch, daß es sich dabei um alle Indizien eines Schauprozesses handelt, wie zum Beispiel der Zeitpunkt des Urteils kurz vor dem Jahrestag von ›Oradour‹, die Ladung von Gästen aus Lidice und Oradour, sowie des französischen Botschafters in der ›DDR‹ ... Das Verhalten des Angeklagten Barth muß doch sehr zu denken geben, der sich selbst auf das schwerste belastete, mit fast den gleichen Worten, die ihm der Staatsanwalt in den Mund gelegt hatte. Auffallend war die willenlose Lethargie des in seinem Beruf so aktiven Barth, der nicht mehr die Kraft hatte, sich zu wehren ... Die in den deutschen Massenmedien von Günther Schwarberg veröffentlichte dreiteilige Serie ist angefüllt mit Einzelschicksalen und von verlogenen Behauptungen ... Die Behauptung, daß Sturmbannführer Diekmann von General Lammerding oder von seinem Regimentskommandeur Stadler einen Befehl zur Vernichtung von Oradour bekommen hätte, ist schlicht gelogen... Der angebliche Befehl Kahns: ›Der Ort Oradour ist niederzubrennen. Alle Personen ohne Ausnahme, vom Säugling bis zum Greis, sind zu vernichten...‹ und sein angeblicher Ausruf bei der Vorbeifahrt an einem Schützenpanzer: ›Heute wird viel Blut fließen!‹ paßt zu schön in die kommunistische Propaganda, als daß diese Worte gefallen sein könnten ... In die gleiche Rubrik paßt die angebliche Aussage, ›daß bettlägrige Kranke an Ort und Stelle zu erschießen seien und auf Fluchtverdacht hin sofort geschossen wird.‹ ... Daß die Soldaten der 3. Kompanie aber auch noch geplündert haben sollen, ist vollends absurd. In der Division ›Das Reich‹ wurde eine strenge Gerichtsbarkeit zur Erhaltung der Disziplin praktiziert...«

Die alten SS-Kameraden lassen es nicht bei solchen Schmähungen. Sie organisieren eine Briefkampagne gegen Journalisten, die über den Barth-Prozeß berichtet hatten. Unter voller Adressenangabe (München 50, Dresdner Straße 31) schreibt ein Martin Pohlwein an den Stern-Autor Günther Schwarberg: »Sie hätten den Strick verdient.«

Nach der Befreiung beginnen die Menschen, das Dorf Oradour wieder aufzubauen. Nicht das alte. Das bleibt so, wie es am 10. Juni 1944 gewesen ist, wenn auch niedergebrannt. Nein, sie bauen direkt daneben ein neues Oradour. Genauso bescheiden wie das alte. Es wird weniger schön, aber es beginnt zu leben, als sei es das alte. Selbst die alten Namen bleiben. Es gibt wieder einen Elektriker Raynaud. Es gibt die Patisserie Gauthier, den Schlachter Hyvernaud. Das Textilgeschäft Dupic annonciert: »Seit vier Generationen in Oradour.«

Wer sich mittags im Hotel Milord zu Tisch setzt, der speist genausogut à la Limousin wie die 25 Leute, die vor 44 Jahren am 10. Juni dort ihr letztes Menu bestellt hatten. Und wer beim Bäcker André Suchaud Croissants holt, hört vielleicht die Geschichte von seinem Vorgänger Lucien Raynaud, der damals den SS-Posten auf dem Marktplatz fragte: Es seien Baguettes im Ofen, die müsse er nun herausholen, damit sie nicht verbrennen. Ein neues Oradour. Jedes Croissant und jedes Menu erzählt die Geschichte des alten.

Werkstätten werden gebaut. Eine Reparaturwerkstatt zum Beispiel, sie gehört Robert Hébras. Er ist nun Meister, ein erfolgreicher Mann, hat eine Familie. Eines Tages zieht er fort aus seinem Geburtsort, zieht nach Saint Junien, kauft sich dort in eine Renaultwerkstatt ein. Jetzt ist er 63 Jahre alt, hat sich ein Landhaus in den Bergen bei Montmézery gebaut und richtet sich darauf ein, als Rentner zu leben mit seiner zweiten Frau Christiane.

An jedem 10. Juni trifft er sich mit den alten Kameraden aus der Scheune von Laudy am Ehrenmal von Oradour. Eines Tages bekommt er ein Foto geschenkt, ein Foto von sich selbst. Er hatte es einmal seinem Freund geschenkt, dem Sohn des Bäckers Bouchoulle, Henri. Der hatte es in seiner Brieftasche, als er erschossen wurde. Das Bild hat das Feuer überstanden, wenn auch versengt.

Nachdem er mit den anderen Überlebenden in der DDR war, beim Berliner Prozeß gegen den damaligen SS-Untersturmführer Barth, bekommt Robert Hébras einen anonymen Brief aus Bordeaux mit einem stilisierten Adler: »Mein Alter, Du hast zu viel geredet. Jetzt kannst Du ein paar sehr unangenehme Grüße erwarten. Am 10. Juni war ich auch da, aber nicht an Deiner Seite (Du verstehst!!!) Bis bald, bis sehr bald, um das zu regeln. H. H.« Was wohl für »Heil Hitler« stehen soll.

Robert Hébras ist kein ängstlicher Mensch. Er weiß ja längst, daß die Faschisten nicht nur aus Deutschland kommen. Schließlich waren ungefähr die Hälfte der SS-Leute damals Elsässer. Und Le Pen ist auch ein Franzose...

An der Kirche von Oradour ist die alte Tafel vor zwanzig Jahren durch eine neue ersetzt worden. Zuerst hieß es: »Hier wurden Hunderte Frauen und Kinder von den Deutschen massakriert.« Jetzt steht dort: »... von den Nazis«. So steht es auch an den Erschießungsstätten, an der Scheune Laudy zum Beispiel.

»Ich kann in keine Kirche gehen«

Dreiundvierzig Jahre nach dem Verbrechen an Oradour machen wir dort einen Film. Wir sprechen mit den Überlebenden. Jacqueline Pinède zeigt uns den Verschlag, in dem sie mit ihren beiden Geschwistern versteckt war, während Vater, Mutter und Großmutter ermordet wurden.

Wann ist sie wieder nach Oradour gegangen? Suchte sie ihre Eltern?

»Aber nein. Wir wußten ganz genau, daß sie tot waren. Bei Robert Hébras haben wir es erfahren. Sein Vater war in die Kirche gegangen und hatte alle Leichen gesehen. Wir wollten sehen, was aus unserem Haus geworden war, deshalb sind wir zurückgegangen. Aber es war furchtbar. Ganz still war es. Man hörte nur die Vögel. Und über dem Ort lag ein entsetzlicher Gestank. In der Scheune Beaulieu war ich mit dem Straßenkehrer. Wir haben den Boden etwas zur Seite geschoben, und da fanden wir eine Leiche. Es war mein Vater. Ich habe ihn an unserem Schlüsselbund erkannt.«

Sie schweigt lange, ehe sie weitersprechen kann.

»Ich glaube, auf dem Marktplatz wußte er, daß er verloren war. Denn in der halbverbrannten Tasche meiner Mutter, die man in der Kirche gefunden hat, war seine Brieftasche mit allen Papieren. Er muß sie ihr mitgegeben haben ... Das ist das einzige Erinnerungsstück, das ich an meine Eltern habe.«

Was hat sie empfunden, als sie zum erstenmal in der Kirche stand?

»Ich kann nicht sagen, was ich damals empfunden habe. Jedesmal, wenn ich in eine solche Kirche komme, die dieser Kirche von Oradour gleicht, muß ich wieder hinausgehen. Es schnürt mir den Hals zu. Ich kann in eine große Kathedrale gehen, aber nicht in eine solche kleine Kirche wie die von Oradour.«

Louise Compain, die zwei Jahre nach der Zerstörung Oradours geheiratet hat und jetzt Gauthier heißt, geht oft, sehr oft in ihren zerstörten Heimatort und an die Gräber. »Ich habe das Gefühl, daß ich sie dann alle wiedersehe. Meine Eltern. Meine

Freunde, die mit mir im gleichen Alter waren. Meine Vettern und Cousinen. Mir fallen ihre Geschichten ein. Alles lebt wieder auf. Es ist nicht so, daß ich davon träume. Aber der schreckliche Tod meiner Eltern, den vergesse ich nicht einen Augenblick. Ich habe inzwischen eingesehen, daß man nicht von ›den Deutschen‹ reden soll, wenn man von diesem Verbrechen spricht. Ich mache selbstverständlich einen Unterschied zwischen guten und bösen Deutschen. Und die jungen Deutschen, die hierherkommen, zu uns ins Café, das ist eine ganz andere Generation. Ich denke, es ist sehr gut, wenn sie Oradour sehen.«

»Sie ist doch meine Liebe«

Eine alte Frau geht über den Friedhof. Sie heißt Georgette Vauchamp, ist achtzig Jahre alt. An einem Grab bleibt sie stehen: »Zur Erinnerung an unser liebes Kind, ermordet und verbrannt von den Deutschen am 10. Juni 1944. Michele Vauchamp.« Sechs Jahre alt ist sie geworden. Georgette Vauchamp kann nicht mehr gut gehen, benutzt einen Stock. »Es fällt mir schwer, hierherzukommen. Aber ich komme, sooft es geht.« Ihr Mann ist gestorben, sie ist allein.

Ob Michele in der Schule war, damals?

»Ja, sie war in der Schule. Wir wohnen draußen in Les Bordes. Mein Mann hat sie gesehen, als er seinen Tabak holen ging. Sie rief ihm zu, sie sollte eine Besorgung für ihre Lehrerin machen. Wenn man gewußt hätte, was geschieht, hätte er sie ja wieder mit nach Hause genommen. Aber wer konnte das wissen, daß sie die Kinder töten? Können Sie das verstehen, warum die Kinder getötet wurden? Es ist schon so lange her. Sie ist doch meine Liebe.«

Achtzig Jahre alt ist Georgette Vauchamp heute. Als ihre sechsjährige Tochter Michele ermordet wurde, war sie sechsunddreißig: »Wer konnte das wissen, daß sie die Kinder töten?«

Namenregister